LA COMPETITIVIDAD Y SUS CLAVES

Antoni Garrell Guiu

LA COMPETITIVIDAD Y SUS CLAVES

Antoni Garrell Guiu

Colección: Gestiona
Director: David Soler

La competitividad y sus claves
1.ª edición 2007, Fundació Cercle per al Coneixement
2.ª edición 2012, FUNDIT - Escola Superior de Disseny ESDi
3.ª edición 2021, Marge Books

© Antoni Garrell i Guiu
© de esta edición, incluido el diseño de la cubierta: ICG Marge, SL

Edita: Marge Books
València, 558 - 08026 Barcelona
Tel. 931 429 486 - marge@margebooks.com
www.margebooks.com

Gestión editorial: Eva Franch
Edición y coordinación: Dra. Gemma Gómez, ESDi - Unitat de Teoria i Anàlisi
    del Disseny
Colaboración editorial: Laura Serral
Maquetación: Caterina Canet
Impresión: Prodigitalk, SL (Martorell, Barcelona)

ISBN edición impresa: 978-84-18532-61-0
ISBN edición digital: 978-84-18532-62-7
Depósito Legal: B 6003-2021

El papel empleado en este libro no ha sido blanqueado
con cloro elemental (CI_2).

Para Lina,
por su inquebrantable apoyo
e imprescindible ayuda.

Un especial agradecimiento a
Josep Bombardó
Remo Suppi
Salvador Estapé
por sus consejos y opiniones,

Y a
Enric Canela
Antoni Farrés
Rodolfo Fernández
Juan José Pérez
Josep Pallarés
Alberto Sanfeliu
Rafael Suñol
por su apoyo y comentarios.

Y a los asociados del Cercle per al Coneixement-Barcelona Breakfast, por los espacios de debate y reflexión que han construido con entrega y generosidad. En ellos se gestó la necesidad de analizar y comprender la competitividad en el seno de la economía del conocimiento.

NOTA EDITORIAL

Este libro contiene todos los elementos de las obras que mantienen su vigencia inalterable.

La solidez de la metodología empleada por el autor, su carácter innovador, sus reflexiones y pronósticos sobre la industria y la sociedad digital, hacen que esta obra inspire a los equipos profesionales que en la actualidad han de focalizarse en la **industria 4.0** y en la **productividad** en el seno de las organizaciones.

Antoni Garrell nos invita a reflexionar sobre aspectos esenciales de la sociedad y la **economía del conocimiento.**

EL AUTOR

Antoni Garrell

Ingeniero industrial por la Universidad Politécnica de Cataluña (UPC) en 1975, Máster en Gestión y Administración, y estudios de doctorado en sistemas de soporte en la toma de decisiones. Especializado en gestión compleja e innovación.

Ha ocupado diversas posiciones en empresas, entre ellas, Arthur Andersen, la Caixa, y la Fundación Universidad y Tecnología la Salle de la que fue director general. Forma parte de varios consejos de administración y fue impulsor del Círculo para el Conocimiento (https://www.amicsdelpais.com/) del que fue secretario general y presidente entre 2001 y 2007.

Ha impartido clases y conferencias en varias universidades en diversos países, ha dictado ponencias en congresos internacionales sobre competitividad e innovación. Ha publicado en calidad de autor o coautor ocho libros: *Disseny de sistemes digitals* (1992), *Multimedia motor de progreso* (1997), *Sistemas digitales y sistemas programables* (1998), *Introducción al diseño digital* (1999), *La societat del coneixement: una oportunitat per a Catalunya. Reptes i instruments* (2002), *Descobrint el disseny* (2011), *La competitividad y sus claves* (2012), *La Industria 4.0 en la sociedad digital* (2019), y *Productos y servicios inteligentes y sostenibles* (2021).

ÍNDICE

CAPÍTULO 4

CAPÍTULO 5

CAPÍTULO 6

PRÓLOGO A LA TERCERA EDICIÓN

Los buenos textos son como los buenos vinos: dejan un buen sabor de boca y no pierden con los años.

En 2011 tuve el honor y el placer de dirigir, en el marco de mis actividades en la Escuela Superior de Diseño ESDi de la Universidad Ramon Llull, una colección de textos de diseño bajo la etiqueta *Design_Knowledege&Future*. Cuando cayó en mis manos la 1ª edición digital del libro de Antoni Garrell "La competitividad y sus claves" publicada en 2007 por la *Fundació Cercle pel Coneixement*, consideré que merecía una segunda edición en dicha colección.

Atendiendo la buena acogida que aquella 2ª edición tuvo, la Editorial Marge Books ha decidido publicar una 3ª edición en su fondo editorial y me ha hecho el honor de pedir que también la prologue.

Antoni Garrell lleva décadas siendo un directivo visionario. Forma parte de este reducido número de personas que captan antes que los demás por dónde van a evolucionar las ciencias y las tecnologías y, en consecuencia, las industrias. Unir esta capacidad con unas fuentes privilegiadas de información, una puesta al día incansable, una inteligencia preclara y una buena habilidad comunicativa, lo convierten en uno de aquellos autores que conviene tener en nuestra lista de favoritos.

Aunque su actividad docente se ha centrado en el diseño —en todas sus posibles vertientes y especialidades— y es el artífice principal de la creación en 2008 del primer grado universitario en diseño del estado español en ESDI, siempre ha puesto su observatorio y sus reflexiones y previsiones de futuro en la industria en general y en la sociedad digital con visión holística.

Antoni Garrell lleva ya muchos años escribiendo, debatiendo y dando conferencias y clases magistrales sobre la competitividad, un tema que él ha aprendido a dominar no sólo en la vertiente teórica, sino también en la vertiente práctica gracias a los distintos cargos directivos que ha ejercido a lo largo de su extenso currículum vitae.

Hoy día nadie ignora que una empresa que no actúe en el mercado global está condenada a tener muy baja (o nula) competitividad. Pero en 2007 el e-commerce estaba en fase muy incipiente en los países de nuestro entorno cultural; según el Census Bureau de Estados Unidos, las ventas por internet de *retail* en el más avanzado de los países en el tema representaron tan solo el 3,4% del total.

La productividad —la variable que muchas empresas insisten en ser la única que tienen en consideración— es analizada por Antoni Garrell con un detallado análisis que convierte en advertencia rigurosa de los malos usos que deben ser evitados.

La innovación —la clave preferida por el autor en este libro y en todos los escritos que le han seguido— es analizada también en todas las variantes, posibilidades e impactos en el ciclo de vida de los productos y servicios.

El rigor intelectual y la completitud de los análisis que realiza en todos los capítulos —y que esquematiza en diagramas gráficos y mapas conceptuales que ayudan a comprender las complejidades de las interrelaciones existentes— son dos de los grandes valores que el texto aporta.

Es un libro de gran utilidad para los empresarios, los emprendedores y todos los que se plantean conocer cómo se construye una buena y real competitividad. Tienen aquí unos conocimientos que de buen seguro agradecerán.

Llorenç Guilera
Profesor de diseño
Exdirector de ESDI

LA COMPETITIVIDAD
Y SUS CLAVES

INTRODUCCIÓN

Los desafíos que generan la globalización y los avances técnicos y científicos sobre los modelos productivos se producen desde que la especie humana alcanzó el hito de la movilidad en tiempos razonables y el espíritu científico y técnico se implicaron en el proceso productivo. Sin embargo, ha sido en el último tercio del siglo XX cuando la liberalización planetaria ha alcanzado altas cotas, de forma acelerada desde la caída del muro de Berlín. La producción científico-técnica se ha incrementado notoriamente, las pautas de relación social han cambiado significativamente gracias a los avances de la telemática y a la apertura del conocimiento derivado de las redes informales surgidas a través de Internet. Este hecho ha posibilitado la evolución de la globalización económica hacia la globalización social.

En los últimos 40 años los elementos que configuraban la competitividad han variado sustancialmente. En la actualidad la velocidad de obsolescencia de los productos es notoria, las problemáticas relativas a la sostenibilidad y la protección ambiental se han agudizado, la globalización de los mercados es un hecho, las economías emergentes como China o India han alcanzado altos grados de desarrollo después de años de crecimientos sostenidos y elevados y la velocidad de avance de la producción científico-técnica es muy elevada. Todo este conjunto de realidades exige mejoras permanentes de la competitividad en un contexto internacional caracterizado por la competencia asimétrica entre estados, la fuerte presión de países con bajos costes salariales, la necesidad de potentes infraestructuras, la capacidad de generar conocimiento y trasferirlo con rapidez a las cadenas de producción, la facilidad existente para plagiar productos y servicios y el acceso prácticamente universal a los avances tecnológicos.

Hay nuevos escenarios y realidades internacionales que exigen actuaciones para mejorar y garantizar la competitividad del modelo económico en general y de las empresas en particular. Para ello es requerido actuar de forma coordinada y simultánea, de modo que permita introducir mejoras continuas en la productividad, utilizar intensivamente el conocimiento y disponer de modelos organizacionales más flexibles. Estas actuaciones exigen voluntad y capacidad de asumir cambios en los sistemas de producción, en la organización, en la gestión empresarial y muy especialmente en la valoración de los recursos humanos. A éstos últimos los nuevos escenarios les confieren un rol determinante para alcanzar los éxitos diferenciales independientemente del tamaño de la empresa o su sector de actividad.

Reflexionar sobre cómo actuar y con qué elementos es el propósito del libro que tienen entre sus manos y que tiene su origen en los aspectos anteriormente indicados, en las sesiones de debate sobre sociedad y economía del conocimiento desarrollados durante el periodo 2003-2005 por "el Cercle per al Coneixement" (www.cperc.net), y en el análisis de los trabajos efectuados y el documento final del "acuerdo estratégico para la internacionalización, la calidad de la ocupación y la competitividad de la economía catalana".1 En este acuerdo se contemplaban como elementos integrados y sinérgicos un conjunto de aspectos que posibilitan la competitividad al inicio del tercer milenio.

Para avanzar en la compresión de las actuaciones requeridas y los condicionantes que intervienen en el proceso competitivo, el libro se ha estructurado en seis capítulos, en los cuales se profundiza en el conjunto de aspectos que deben ser considerados y gestionados para alcanzar la rentabilidad continuada y sostenible. A nivel explicativo, los conceptos se acompañan de mapas conceptuales que facilitan la comprensión.

---

[1] "L'acord estratègic per a la internacionalització, la qualitat de l'ocupació i la competitivitat de l'economia catalana", se inició en febrero de 2004 mediante un acuerdo entre la administración catalana, las organizaciones empresariales y los sindicatos, abordando aspectos relativos a infraestructuras, educación, ocupación, investigación e innovación, así como también aspectos sociales, laborales y de internacionalización.

En el primer capítulo se efectúa una descripción del entorno socioeconómico al inicio del siglo XXI, donde la meta a alcanzar es la optimización del modelo de generación de valor en un contexto internacionalizado, asimétrico y altamente competitivo. En este contexto la obsolescencia está acelerada y la clave del éxito reside en la capacidad de saber aprovechar las oportunidades derivadas de los procesos desarrollados y de los avances científico-técnicos producidos por uno mismo o por aquellos disponibles de forma abierta si se dispone de la capacidad de comprenderlos y utilizarlos.

En el capítulo segundo se analiza la competitividad como un proceso integral de la organización, asumiendo que solamente logrando ser altamente competitivas las empresas son capaces de crecer, prolongar su existencia a lo largo de tiempo, afrontar problemas complejos y convertirse en marcas de referencia aumentando su rentabilidad. Para lograr el objetivo de la competitividad, es requerido que las organizaciones busquen la excelencia en las actividades propias, sin ignorar las fortalezas y debilidades de los competidores. De forma continua irán superando los factores endógenos y exógenos e irán asumiendo plenamente los paradigmas de la sociedad y la economía del conocimiento. El capítulo encuadra el proceso para alcanzar la competitividad a partir de gestionar de forma integrada la terna configurada por la capacidad innovadora (innovación), el establecimiento de sistemas para ser muy productivos (productividad) y utilizar las ventajas de la apertura de los mercados y la localización óptima de sus procesos productivos gracias al proceso globalizador (globalización).

El capítulo tercero encuadra el marco referencial de la innovación y describe cada uno de los conceptos que la delimitan y los elementos que intervienen. Un proceso innovador basado en el binomio "generar conocimiento y aplicarlo" que exige garantizar el flujo permanente entre la invención y el proceso productivo para generar valor tangible a corto, a medio y a largo plazo. Ello exige tanto actuaciones específicas y continúas sobre los productos o servicios elaborados, como sobre los procesos empleados y el modelo de la organización que los ejecuta.

El capítulo cuarto se centra en el análisis de la productividad considerando los aspectos asociados a los elementos estructurales de variación a largo plazo, los que están sujetos a variaciones de mercado y aquellos que pueden afectar indirectamente de forma negativa, como son los asociados a la ubicación, los útiles tecnológicos y la maquinaria. La productividad obliga a gestionar eficazmente el capital humano, las infraestructuras y el entorno o ecosistema en que se desarrolla la actividad.

La aportación de la globalización a la competitividad es analizada en el capítulo quinto. Se considera que la globalización es una realidad ineludible que tiene como fin último alcanzar un mercado mundial único, lo que aporta riesgos enormes, pero abre, a la vez, inmensas posibilidades para aquellas organizaciones capaces de abordarla y gestionarla con eficacia, lealtad y respeto sociales, culturales y medioambientales. Este proceso global obliga a las organizaciones a plantearse y abordar la fragmentación del proceso productivo con la finalidad de que sea efectivo en las localizaciones más adecuadas.

Finalmente, en el capítulo sexto se analizan conjuntamente los tres conceptos que encuadran la competitividad, que son innovación, productividad y globalización y sus interrelaciones. Se identifica la necesidad de gestionar simultáneamente las informaciones asociadas, lo que requiere convertir los datos externos e internos en conocimiento diferencial. La gestión de todos los elementos complejos que confluyen en la competitividad obliga a las organizaciones a disponer de sistemas de información enfocados a la toma de decisiones en todos los niveles y puestos. Las características y peculiaridades de los sistemas de gestión e información también se definen.

Los seis capítulos no pretenden ser un análisis exhaustivo de la problemática de la competitividad para ningún sector o empresa específica. Los mapas conceptuales y sus análisis se han contextualizado en un sentido lo más amplio posible con la finalidad de ayudar a levantar la mirada, reflexionar y, sabiendo dónde actuar, identificar las prioridades de acuerdo a las potencialidades y estrategias de cada organización. La utilidad de lo expuesto será mayor en la medida que cada lector, interiorizando los conceptos expuestos, se afane en analizar su organización y aborde sin demoras las inmensas posibilidades que el mundo global nos presenta.

Antoni Garrell Guiu

1. EL ENTORNO SOCIOECONÓMICO AL INICIO DEL SIGLO XXI

La globalización surge de la liberalización de los mercados y de las facilidades de la instalación de empresas en determinados territorios, con lo cual va acompañada de una creciente uniformización en cuanto a los modelos de generación de valor basados en la iniciativa privada. Genera un modelo de internacionalización empresarial basado en la búsqueda de las ventajas del tipo de interés y de cambio, en las ayudas públicas destinadas a facilitar la localización de empresas, en los menores costes de las materias primas, los suministros o la mano de obra y en las potencialidades de los mercados próximos. Este conjunto de circunstancias convierten el proceso productivo en algo muy sensible al emplazamiento variable y a las iniciativas o realidades externas que las empresas deben aprovechar.

Consecuentemente, la meta a alcanzar es la optimización del modelo de generación de valor en un contexto internacionalizado, asimétrico y altamente competitivo donde la obsolescencia se acelera. La clave del éxito radica en la capacidad de aprovechar, con agilidad y rapidez, las oportunidades derivadas del propio proceso y de los avances científico-técnicos. Se exigen un cambio de modelo productivo y una reformulación de los mecanismos para alcanzar la competitividad. El nuevo modelo de competitividad no puede ignorar el importante progreso científico, los avances en las telecomunicaciones que permiten la comunicación instantánea a lo largo del planeta y la gran capacidad de almacenamiento y proceso de la información.

Hay un nuevo escenario que exige nuevas formas de organizarse, de producir e interrelacionarse con la finalidad de trazar las estrategias competitivas. Éstas deben considerar de una forma armónica la obtención de productos diferenciales y altamente innovadores utilizando simbióticamente los avances científico-técnicos y el diseño. Igualmente necesitarán disponer de un proceso productivo altamente productivo. Consecuentemente, la terna globalización, productividad e innovación se convierte en la clave para alcanzar la competitividad.

Esta terna es compleja en cuanto a su gestión, que requiere buscar el equilibrio óptimo entre los diversos componentes para cada valor o nivel de competitividad posible, asumiendo de una forma decidida la gestión del conocimiento. Esto obliga a generar entornos, condiciones y procesos para que los flujos de generación y transmisión de conocimiento circulen eficazmente y estén disponibles en los lugares e instantes precisos.

Intercambios comerciales y liberalización

En enero del 2005 se hizo realidad la práctica eliminación total de las cuotas limitadoras de los intercambios comerciales entre países. La liberalización mundial puso el punto y final al largo período de globalización o internacionalización básicamente consistente, para la mayoría de empresas, en colocar los productos disponibles en nuevos mercados. La globalización surgida del proceso de liberalización de los mercados y de las facilidades de la instalación de empresas en determinados territorios genera un nuevo modelo de internacionalización empresarial. La instalación de multinacionales, por eso, también conlleva una creciente uniformización en cuanto a los modelos de generación de valor basados en la iniciativa privada.

Ahora el modelo se basa en la búsqueda de las ventajas del tipo de interés y de cambio, en las ayudas públicas destinadas a facilitar la localización de empresas, en los menores costes de las materias primas, los suministros o la mano de obra y en las potencialidades de los mercados próximos. Por todo esto, el proceso productivo es algo muy sensible al emplazamiento variable y a las iniciativas o realidades externas que las empresas deben aprovechar.

Con la liberalización del comercio se consolida un proceso global en que el reto es alcanzar la optimización del modelo de generación de valor en un contexto internacionalizado, asimétrico y altamente competitivo donde la obsolescencia se acelera. La clave del éxito radica en la capacidad de aprovechar, con agilidad y rapidez, las oportunidades derivadas del propio proceso y de los avances científico-técnicos producidos por uno mismo o desarrollados por terceros y que están disponibles para quien tenga la capacidad de comprenderlos y usarlos. Se trata de un proceso radicalmente distinto al que caracterizó la sociedad industrial prácticamente hasta finales del siglo XX. Afecta tanto al mercado de trabajo, rompiendo los modelos en que las comunidades y colectivos humanos han centrado su actividad productiva y organizacional, como a las potencialidades de los territorios.

La evolución de la globalización, entendida como internacionalización hacia la optimización de procesos de generación de valor, comporta todo un conjunto de medidas, entre ellas: aprovechar todas las oportunidades de los mercados y no sólo las derivadas de los costes o competencias profesionales; configurar y estimular el funcionamiento de las redes existentes; obtener rendimiento de los activos intangibles de las organizaciones y los territorios; reformular las potencialidades mediante alianzas estratégicas y tácticas; alcanzar la simultaneidad en la estrategia y la ejecución; y asumir los compromisos de actuación global conjuntamente y de forma compatible con los locales.

Este conjunto de actuaciones complejas se encuadra en el marco de la sociedad del conocimiento, que es consecuencia de la economía del conocimiento. La sociedad del conocimiento obliga a reformular los sistemas de gestión y producción, buscando la excelencia competitiva en el seno de una sociedad plural. Se tienen valores diferentes, respecto a la sociedad industrial o preindustrial, que se mueven con patrones y leyes asimétricas, donde se impone como elemento diferencial el acceso al conocimiento de una forma ágil y abierta, primando la capacidad de generar nuevos conocimientos y traspasarlos, con rapidez, a los procesos productivos y a los productos que deben ser puestos en el mercado con suficiente fuerza para evitar un rápido desplazamiento por parte de los competidores.

Sociedad de la información – sociedad del conocimiento

El concepto sociedad de la información aparece por primera vez en 1980 en el libro de Yoneji Masuda The Information Society as Post-Industrial Society, aunque probablemente lo que se quería recoger con esta expresión era mucho menos que lo que entendemos ahora por la sociedad de la información o del conocimiento.

Entonces no era más que una expresión para conceptualizar el nuevo gran proceso de cambio revolucionario que se iniciaba. Las denominaciones utilizadas eran muchas, entre ellas la de Alvin Toffler que hablaba de la "Tercera onda"; Daniel Bell, de la "Sociedad post-industrial" y Peter Drucker, de la "Sociedad post-capitalista" o de la "Sociedad del conocimiento". Con independencia de las palabras utilizadas, todos coincidían en un hecho: el nuevo cambio comportaría importantes consecuencias en la sociedad del siglo XXI. Finalmente el nombre que más se utilizó es el de sociedad de la información y posteriormente sociedad del conocimiento, en la medida que la información procesada se convierte en el conocimiento que permite el progreso. Machlup definió información como comunicación del conocimiento, una función que durante siglos se hizo oralmente y posteriormente con el uso de la escritura, que facilitó el almacenaje y transmisión del conocimiento. Pero no fue hasta la llegada de la imprenta cuando se marcó un cambio notable que llevó a que durante los últimos siglos el papel impreso haya sido el principal soporte de la información o el conocimiento. Esta situación varía drásticamente con la digitalización y las Tecnologías de la Información y de la Comunicación (TIC), que dibujan y generan las condiciones de entorno para la aparición de un nuevo espacio de almacenaje, proceso y transmisión de información. Este espacio va desarrollándose e incrementando su capacidad trasformadora al ritmo que se democratiza y universaliza su uso, configurándose de forma acelerada el nuevo escenario económico y social actual.

Obviamente la divulgación del conocimiento, y la generación del nuevo, ha sido la palanca de cada fase evolutiva de la humanidad y una de las tareas esenciales para potenciar cualquier cultura, pero es en la época actual cuando por primera vez la información y el conocimiento se han convertido en la base de la economía y de la evolución social. Así pues, el hecho novedoso y revolucionario reside en la capacidad actual de procesamiento, transmisión, creación, almacenaje, estructuración, gestión y comunicación de información, tanto a nivel empresarial como en las relaciones sociales formales e informales. Tenemos una cultura con una capacidad de información muy superior a la de los periodos históricos

previos, basados en la comunicación oral, la escritura y la imprenta. Supone un cambio de magnitud similar al que se produjo, en
las postrimerías de la Edad Media, con la implantación del reloj
en las plazas públicas, que dio valor al tiempo e inició la productividad moderna. Hay que asumir que los cambios de modelos
actuales indican la pérdida de la hegemonía de los parámetros
rectores de la sociedad industrial y de la modernidad, aquello que
Toffler llamó la "Indusrealidad".

Otra característica de la sociedad del conocimiento es su alcance global. Las revoluciones anteriores sólo se volvieron globales
con el paso del tiempo, ya que su origen y su desarrollo, en buena parte, fueron locales. Ahora la nueva sociedad nace a escala
planetaria y los procesos locales, que siguen siendo importantes
y relevantes, son significantes en función de la capacidad de su
influencia e identidad en el nuevo contexto global, que propicia
y favorece aquellas sociedades más dinámicas e interconectadas y
margina a las que se resisten al cambio o no tienen capacidad y
recursos para acceder a él.

Son circunstancias que afectan seriamente a los procesos competitivos en la medida que la economía global, propia de la sociedad del conocimiento, lo es en cuanto a que la producción,
la distribución y el consumo se han convertido en planetarios, y
que la competitividad se relaciona directamente con la capacidad
de transformar la información en conocimiento y gestionarlo de
forma eficaz.

Previsiones de futuro

Es un hecho contrastado que el crecimiento mundial en el periodo
1980-2005 ha sido significativo. Sin embargo los diversos estudios,
entre ellos los del Banco Mundial, indican que en los próximos 25
años el crecimiento mundial podría ser ligeramente más rápido,
siendo los motores del crecimiento los países en desarrollo, que
seguirán manteniendo tasas de crecimiento muy superiores a los
países desarrollados. Sirva como dato de referencia el crecimiento

del 7% previsto para el 2007[1] para los países en desarrollo, que ya aportan más del 22% del **PIB** mundial, frente al 2,6 % de los países desarrollados.

Las causas de las previsiones de crecimiento para los próximos años hay que buscarlas en el proceso globalizador actual, que implicará que los flujos de bienes y servicios a nivel mundial puedan crecer más del triple. A la vez, el peso del comercio va a ascender del 25% actual a un 33% en 2030, constatándose que la mitad del crecimiento provendrá de los países en desarrollo, que llegarán a suministrar el 65% de los productos manufacturados y a la vez generarán una importante demanda, la cual se convertirá en el motor de la economía mundial. Este desplazamiento de la actividad manufacturera entre países o regiones y la continua integración de los mercados seguirán ejerciendo una importante presión sobre el mercado laboral, de tal manera que los trabajadores no cualificados, con independencia del lugar, afrontarán una seria competencia transfronteriza, incrementándose a la vez los flujos migratorios.

La presión sobre los puestos de trabajo no cualificados y su traslado hacia zonas menos desarrolladas exige un cambio de modelo productivo y de ocupación de los ciudadanos y a la vez exige mejorar la capacidad profesional para garantizar la ocupación a largo plazo. A pesar del riesgo de pérdida de puestos de trabajo en ciertas regiones, no se puede ignorar la capacidad de la globalización para disminuir la pobreza mundial[2], ni la de generar riqueza en áreas en crecimiento. En esta línea es revelador el dato

---

[1] El informe del Banco Mundial *Perspectivas económicas mundiales 2007: Afrontar la nueva etapa de la globalización* indica que si a mediados de los años 80 los países en vías de desarrollo suministraban el 14% de las importaciones de productos manufacturados de los países ricos, en el 2006 aportan el 40%, y para 2030 con probabilidad aportaran más del 65%.

[2] El informe del Banco Mundial *Perspectivas económicas mundiales 2007*, indica que el crecimiento generalizado de los países en desarrollo podría reducir la pobreza mundial de tal manera que en el 2030 el número de personas que sobreviven con menos de 1 dólar al día podría reducirse a la mitad, pasando de los 1.100 millones actuales a 550. Sin embargo esta mejora, de no variarse la tendencia, no llegaría a algunas regiones, especialmente a África, que quedarían excluidas incrementándose las desigualdades existentes.

de que la clase media mundial (con capacidad adquisitiva entre 4.000 y 17.000 dólares) puede crecer de los 400 millones actuales a 1.200 en 2030. Es un crecimiento importante pero que solo representará el 15% de la población mundial e implicará problemáticas derivadas del superconsumo asimétrico (serios trastornos y desequilibrios sociales), el agotamiento de los recursos naturales, el calentamiento de la Tierra, problemas sobre la salud y la posible destrucción de la biodiversidad o de los recursos forestales y pesqueros.

La globalización es un hecho. Si se gestiona con eficiencia, las previsiones certifican que seguirá siendo fuente de progreso y un camino sin retorno, a excepción de que grandes confrontaciones entre estados o el uso descontrolado del planeta hiciesen retroceder siglos a la humanidad. Es por eso que debe ser asumido, más que oponérsele resistencia, y desde las empresas y las administraciones debe promoverse el cambio hacia la nueva realidad. La manera de hacerlo es asumiendo los desafíos, afrontando los retos y prestando especial atención a la no exclusión del proceso a regiones del planeta, evitando que crezcan las desigualdades, para lo cual hay que luchar contra la pobreza y garantizar que el desarrollo de hoy no impida el del futuro.

Con estas previsiones en el contexto de la economía global, el proceso de liberalización económica alcanza hoy ya una penetración muy significativa en un mundo configurado en tres grandes bloques: el asiático, en el que al competitivo y avanzado Japón se le han añadido la India con 1.050 millones de habitantes, la China con unos 1.500 millones (que tiene un crecimiento anual superior al 10%), Corea, Taiwán, Indonesia y Tailandia. Estos países configuran un área con costes altamente competitivos, con colectivos humanos preparados y que reúnen prácticamente un tercio de la clase consumidora mundial, unos 300 millones de personas. Esta área compite tanto con los Estados Unidos, con un modelo económico avanzado y consolidado, con cifras bajas de desempleo, niveles de investigación elevados e indicadores de innovación crecientes, como con Europa, con índices de investigación e innovación bajos y con un modelo político, económico y social de la Unión en construcción, hecho que origina la ausencia de proyectos claros de futuro y dificulta la competitividad y la requerida toma de posiciones.

Ubicación, avances científicos, proceso y transmisión de la información

Con los avances alcanzados relativos a las facilidades de movimiento y a la ubicación de productos y servicios, añadidos a las facilidades en cuanto a ubicación de empresas en países diversos, añadidos al notorio progreso científico y a los importantes avances en las telecomunicaciones, se abrieron las puertas de un proceso de globalización económica. Si bien se inició como un recurso al alcance únicamente de aquellos con capacidad de acceso a la tecnología y a los conocimientos más avanzados, –lo que se denominó en su día "nuevas tecnologías"– se ha convertido en universal, tanto por lo que respeta al alcance, como por el número de empresas e instituciones que pueden acceder a ella. Al menos esto es así para la mayor parte del llamado primer mundo y de los países en vías de desarrollo que ya han alcanzado de forma sostenida significativas dinámicas económicas.

La facilidad para ubicar procesos de fabricación, productos y servicios en cualquier lugar del planeta con rapidez; los avances continuados en el ámbito científico-técnico los cuales son incorporados con agilidad al proceso productivo, y la capacidad de proceso y transmisión de la información multimedia son las tres bases en que se apoya el modelo de economía global.

Respecto a la capacidad de ubicar procesos, productos y personas en los lugares requeridos, se deberá recordar los importantes avances logrados en los últimos 25 años en el campo de la movilidad, lo que permite interactuar de forma presencial en territorios muy diversos gracias al notorio incremento de la velocidad de desplazamiento tanto de las personas como de los productos. Hay que constatar que hasta principios del siglo XIX los hombres solamente podían desplazarse con facilidad unos 38 km diarios, caminando a un promedio de 5 km por hora. Cuando se pone en marcha el primer ferrocarril se comienza a poder circular a una velocidad media de 48 km por hora, con independencia del tamaño o peso de los productos transportados y sin discriminar a hombres, mujeres o niños. Esta circunstancia hizo que en un día normal la distancia a recorrer alcanzase rápidamente los 200 km. Charles Van Doren la cifró exactamente en 198 km, indicando que era 5 veces superior a la de 1800. Él mismo indicó que en el 2000, miles de personas tomarían un avión para recorrer unos 1000 km y volver a su casa: una distancia 5 veces superior a la del 1900. En 200 años, y de forma acelerada en los últimos 25, la velocidad se ha multiplicado por 25, un hecho que permite extraer las potencialidades específicas de cada lugar, si bien exige de las capacidades para desarrollar la actividad en entornos culturales diversos, con problemáticas, legislaciones y objetivos asimétricos y a menudo divergentes.

En cuanto al avance científico, no debe ignorarse que a lo largo de la segunda mitad del siglo XX alcanzó resultados sorprendentes que permitieron la comprensión de gran parte de los fenómenos inexplicables del mundo y del universo, eliminando muchos de los misterios que encuadraban los escenarios vitales. Los avances técnicos y científicos han permitido conocer y dominar aspectos claves en la salud, alargando la esperaza de vida de los humanos de forma notoria, haciendo progresos muy significativos en la genética, descubriendo y fabricando nuevos materiales, progresando en la robótica y la inteligencia artificial, identificando nuevas fuentes energéticas y dominando los procesos de producción de bienes materiales. Sirva como ejemplo el hecho de que "en el año 1900 se necesitaban media hectárea de tierra y un año de trabajo para alimentar a una persona; 100 años después con esa misma superficie de tierra y el trabajo de un día y medio de pueden alimentar a 10 personas",[3] una enorme diferencia hecha realidad por la mejora de las simientes, la maquinaria agrícola y los fertilizantes. Estos progresos han aportado beneficios significativos y calidad de vida a grandes sectores sociales del planeta.

---

[3] Informe UNESCO sobre la Ciencia 2005.

Eran unos avances inimaginables hace apenas 50 años, que se deben tanto a los conocimientos acumulados en los últimos 400 años gracias tanto al reencuentro del espíritu investigador y reflexivo que caracterizó a los antepasados griegos, como al incremento del número de personas altamente formadas que centran su actividad en la investigación, el desarrollo y la innovación[4].

Requieren especial atención y reconocimiento la tecnología computacional y las telecomunicaciones, que han posibilitado tanto la comunicación instantánea a lo largo del planeta, de modo personal, libre e independiente a precios asequibles para la mayor parte de los ciudadanos y organizaciones, como el procesamiento de ingentes cantidades de información. De este modo la información se convierte en conocimiento que realimenta el propio proceso científico-técnico, transformando los estándares de toma de decisión, rompiendo la linealidad y el monoemplazamiento de los procesos.

Además de las tres bases de la economía global acabadas de mencionar (facilidad de ubicación de los procesos, avances científico-técnicos y transmisión de la información), la universalización económica también se debe a la progresiva democratización de la

---

[4] La incorporación creciente de trabajadores en puestos de trabajo intensivos en conocimiento no es un hecho excluido de las economías o sociedades mes avanzadas, es algo que se produce en todos los lugares. El informe de la UNECO sobre la Ciencia 2005 destacaba el importante crecimiento económico de algunos países asiáticos, encabezados por China. Indicaba que este país representa un serio desafío en el ámbito de la investigación y la innovación para los Estados Unidos, Japón y Europa. En 2002 China disponía ya de 810.000 personas dedicadas a la investigación, una cifra mucho superior a Japón, que ocupaba a casi 646.000 personas. En esta línea el informe evidenciaba que el gasto en I+D en Asia pasó de un 27,9% del gasto total mundial en 1997 al 31,5% en 2002. Con toda seguridad, el incremento de la aportación china explica en gran parte este incremento ya que en 2002 la inversión en I+D+i alcanzó el 1,23% (una cifra muy lejana al 0,85% del 1999), manteniendo un ritmo de crecimiento interanual del 10% en los últimos años; un crecimiento que permitió alcanzar la inversión en I+D+i del 2003 del 1,31%. Es una cifra aún lejana al 1,93% de la UE, al 2,59% de los Estado Unidos y al 3,15% de Japón, pero que evidencia la voluntad de cumplir los objetivos del gobierno Chino de invertir en 2010 la misma cantidad respeto al PIB de la Unión Europea en el escenario más plausible, todo ello sin olvidar las dificultad por la Unión de cumplir el objetivo, establecido en Barcelona, de llegar al 3% del PIB para el año 2010.

tecnología telemática. La accesibilidad al conocimiento ha alterado el concepto de propiedad intelectual y ha incentivado la evolución desde la globalización económica hasta la globalización social. Han variado las pautas de cómo se perciben y prestan los servicios y se han introducido cambios significativos en el surgimiento y desarrollo de las relaciones interpersonales, cambios que se producen no sólo de la mano de los instrumentos de comunicación reglados o regulados, sino también mediante las redes informales surgidas a través de Internet y otros canales de comunicación e información, que día a día van complementando el marco relacional.

Un buen documento que analiza el creciente manejo, generación y utilización de información es el estudio publicado en 2007 con el título "El universo digital en expansión: un pronóstico del crecimiento de la información mundial hasta 2010"[5], elaborado por EMC, que evalúa la cantidad y tipología de la información que se produce y se replica en el mundo, efectuando, a la vez, previsiones para 2010. En él se indicaba que a lo largo del 2006 se crearon y copiaron 161.000 millones de gigabytes, cifra que equivale a 3 millones de veces la información acumulada en todos los libros escritos, información que en un 70% ha sido generada por particulares. Este volumen de información según el propio informe seguirá creciendo alcanzando los 988 mil millones de gigabytes (exabytes) en el 2010. La información residirá en gran parte online, y en muchos casos al alcance de todos aquellos con capacidad de acceso y de convertirla en el conocimiento que posibilita extraer las potencialidades de los ecosistemas donde se desarrolla la actividad productiva. Este conocimiento a la vez lo poseen los colectivos objetivo de las empresas o las organizaciones con las que se compite, y requiere que el flujo de información que lo soporta circule entre los miembros de la organización de una forma natural con independencia del la ubicación o del instante.

---

[5] *The Expanding Digital Universe: A Forecast of Worldwide Information Growth Through 2010.* [http://www.emc.com/about/destination/digital_universe], de EMC Corporation, importante proveedor de infraestructura de información, analiza la información que se crea y copia a nivel mundial anualmente, efectuando estimaciones hasta el año 2010 y evaluando los posibles impactos sobre las empresas, las personas y la sociedad.

Globalización social y cibercultura

El proceso de globalización económica no debe desligarse del creciente proceso de globalización social. Éste comporta la aparición de cambios culturales muy significativos con interrelaciones e interacciones en todos los ámbitos. Por primera vez no van sólo acompañados de intercambios comerciales o de la intervención en los asuntos políticos de otras naciones, con episodios de menor o mayor violencia, como ocurrió con la construcción de la identidad cultural mediterránea a partir de las invasiones romanas o la colonización europea de Asia y América, que modificaron la cultura autóctona.

Ahora el nuevo marco en el que se desarrolla la globalización económica y social —con una cierta uniformización cultural, conjuntamente con una reafirmación identitaria— va estrechamente ligado a un doble componente: por un lado al desarrollo tecnológico y la deslocalización productiva y, por el otro, a los aspectos derivados del flujo informacional, que no entiende de horarios ni de fronteras.

Estos hechos se desarrollan en un mundo donde alrededor del 80% de la humanidad vive en umbrales de pobreza, con dificultades de acceso a los recursos básicos, con ausencia de capacidad de decisión y de garantía de preservación de los derechos fundamentales. Todo esto se añade al creciente poder e influencia de las organizaciones mediáticas de abasto global, que genera entornos de tensión y de confrontaciones e incertidumbres que dificultan a la mayoría de las organizaciones el establecimiento de políticas a largo plazo, primando la inmediatez y los resultados.

Este nuevo entorno cultural enraizado en la globalización económica y social va acompañado de una cultura emergente que no tiene límites. Me refiero a la cibercultura, un hecho sociológico que se produce en el ciberespacio y que no puede ser tratado como algo aislado, marginal o como una "curiosidad sociológica". Es una realidad que, en gran parte, es la que permite consolidar y ampliar la cultura global e incentivar las transformaciones sociales que empujan de este a oeste y de norte a sur.

Las transformaciones del ciberespacio se basan en el acceso y la transmisión libre del conocimiento en una sociedad abierta y plural. Se incorporan nuevas herramientas que, si bien a primera vista puede parecer que su potencialidad es únicamente relacional o lúdico, abren nuevas oportunidades que no deberían ser olvidadas en cuanto a organización, transmisión de información, comunicación, generación de ideas y debate. Las personas más preparadas ya las han interiorizado y las usan en los nuevos paradigmas de la sociedad y la economía global. Estas personas crecen y se desarrollan en el seno de las redes telemáticas, con el omnipresente Internet configurando procesos y entornos de actividad tejidos día a día de forma independiente, libre y anárquica. Se va conformando lenta pero inexorablemente una nueva cultura que tiñe a los colectivos y a las organizaciones.

La cibercultura es una realidad que invade todas las sociedades. Crece y se desarrolla día a día y puede aportar valor a quienes sepan extraer sus potencialidades. Chats, foros, Messenger o mensajería instantánea, mensajería multimedia, servidores, Wi-Fi, blogs, Wiki, etc., configuran nuevos canales y entornos —más allá de la veracidad, el control o la transparencia que se les presupone— de enorme potencial que son, con demasiada frecuencia, ignorados o no incorporados por las organizaciones. Los canales y los entornos están en un proceso acelerado de expansión continua gracias a las tecnologías digitales de la computación y la comunicación.

Se consolidan la cultura electrónica y la inteligencia colectiva en red, eliminando lentamente la cultura reposada de la imprenta que ha caracterizado los últimos doscientos años de historia[6].

---

[6] Sven Birkerts. "Elegía a Gutenberg: El sino de la lectura en una era electrónica". Boston-1994, Faber y Faber, Ensayo sobre la declinación en la lectura debido a los importantes avances de Internet y del resto de tecnologías que configuran la "cultura electrónica." Kerman Alvin, "La Muerte de la literatura". Yale University Press-1992. Ensayo en el que se analiza la muerte de la literatura como consecuencia de televisión, la informática, los aspectos legales asociados al copyright preguntándose si la literatura tiene la vitalidad suficiente para restaurarse en las circunstancias cambiantes y la cultura electrónica envolvente.

Ahora las organizaciones priman contar con personas críticas, no manipulables, con capacidad de análisis y síntesis y altas dosis de sociabilidad.

Así pues, el proceso económico global crece y se consolida, a la vez que surge una nueva sociedad con una nueva cultura que nace libre, independiente, anárquica, desregularizada y que en ciertos aspectos tiene mucho de creación primogénita. Se sustenta en el uso de los recursos no naturales, en conocimientos a menudo no públicos, sujetos a distorsiones y ruidos de fondo, y muy sensibles a las políticas de acceso a la información, a los recursos y a los mercados. Esta sociedad se desarrolla más allá del voluntarismo de los momentos primogénitos que la ha caracterizado. Necesita recursos, dado que su desarrollo y expansión pasan fundamentalmente por las capacidades de las sociedades prósperas y de las que pretenden serlo. Sus capacidades y su prosperidad van mucho más allá de sus condicionantes económicos, teniendo mucho más que ver con sus capacidades culturales e intelectivas, en su preparación formal e informal para los nuevos tiempos, en su capacidad para entender y actuar coordinadamente con una perspectiva común.

En la universalidad del acceso a los servicios y a los conocimientos, son y serán clave la capacidad de inversión, de generación de recursos, de voluntad de solidaridad y la interiorización del bien supremo del conocimiento: cuanto más se comparte algo, más se adquiere. En definitiva, es un conjunto de circunstancias que sitúan a las empresas ante el reto de asumir los nuevos paradigmas de la sociedad del conocimiento a caballo de los retos de la productividad, la investigación, la innovación y la globalización.

En esta línea hay que entender y asumir que la irrupción de la revolución científico-técnica y el proceso de internacionalización y liberalización mundial originan nuevos desafíos políticos, económicos, culturales y sociales para todas las empresas y las sitúan ante nuevos retos de competencia, nuevos desafíos en la búsqueda de la diferenciación y nuevas oportunidades que van mas allá de su área de actividad tradicional.

Con los cambios en los paradigmas que caracterizaban a la sociedad industrial, se ha acelerado el proceso de obsolescencia de los modelos de las organizaciones sociales, empresariales y de las formas de ejercer el poder que los ciudadanos otorgan a las administraciones.

Están cambiando las reglas en las que se fundamentan las pautas de relación social, los modelos educativos, los procesos de generación de valor económico, los criterios para la toma de decisión, las conductas y los valores. Ahora, con independencia del grado de formación y capacidad de discernir entre la falsedad o la certeza, los profesionales y los ciudadanos disponen de más información que cualquier generación precedente. El uso correcto de las informaciones determina los potenciales de los individuos. De la misma manera condiciona la capacidad de generar bienestar, progreso y competitividad de aquellos colectivos humanos que tienen la capacidad de acceder a dichas informaciones y utilizarlas con libertad. Las organizaciones y los ciudadanos están sumergidos en un proceso de cambio que conforma la nueva cultura. Estamos en una nueva etapa evolutiva que el mundo entero, y muy especialmente las sociedades prósperas y los ciudadanos con capacidad de acceder a la red, abordan sin tener bien definidos los retos y los desafíos a afrontar.

La globalización económica, social y de la información es un hecho. Ahora bien, la globalización y el mestizaje social no es nada nuevo, ya que la primera ola globalizadora se convirtió en una realidad a finales del siglo XIX y principios del XX (un proceso similar al de la globalización actual, que se produjo entre 1870 y 1914). Éste es un hecho a considerar con tal de aprender de los errores y avanzar con paso firme hacia el futuro. La razón que la impulsaba, igual que ahora, era poder aprovechar las ventajas de los diferentes territorios con finalidad de incrementar los márgenes de beneficio de la actividad productiva. Entonces se buscaban básicamente las ventajas en cuanto al coste de la mano de obra y de materias primeras. Ahora, a éstas, que siguen siendo importantes, se les suman los aspectos asociados a políticas de fomento de la actividad productiva, las políticas medioambientales, el potencial de desarrollo del mercado cercano, la formación de la gente, las actitudes de la población, la conectividad, las infraestructuras y la capacidad de innovación. Se constata que la ecuación se ha vuelto más rica y mucho más compleja, con más factores involucrados.

Las tensiones sociales y políticas de la primera mitad del siglo XX condujeron a dos graves confrontaciones armadas mundiales que frenaron bruscamente el proceso de globalización. Es, por lo tanto, la segunda vez que se afrontan los retos derivados de la globalización económica y de paso la interrelación social, un hecho que hay que destacar.

Por otro lado, hay muchos factores nuevos, fundamentalmente aquellos derivados de la revolución de la información. Ésta se sustenta en las cuatro tecnologías que irrumpirían con fuerza en el último cuarto del siglo XX: la digitalización, la informatización, las telecomunicaciones y el formato multimedia. Estas tecnologías han impulsado la transformación de la economía industrial a la economía del conocimiento y han propiciado la irrupción de las relaciones humanas no pautadas o preestablecidas. También es cierto que las pautas culturales y los desequilibrios sociales actuales no se distancian excesivamente de los que regían el panorama mundial a inicios del siglo pasado, mientras que la cibercultura y las redes asociadas se encuentran, hoy por hoy, lejanas de los centros de poder real del planeta.

En este proceso continuado de liberalización y mundialización de la actividad económica, social, informativa y cultural que caracteriza la sociedad del conocimiento, se incrementan las distancias entre los diversos colectivos y territorios en función de su capacidad de aprovechar las oportunidades. A la vez estos colectivos se segmentan internamente en función de sus capacidades y de la tipología de los productos y los servicios que son capaces de generar. En este contexto la capacidad de acceso al conocimiento y a las herramientas y útiles tecnológicos se convierte en crucial para desarrollarse individualmente y colectivamente alcanzando, o por lo menos manteniendo, altas cotas de progreso y bienestar.

La sociedad actual, plural y desequilibrada, configura colectivos humanos heterogéneos y asimétricos, en los que su desarrollo pasa por la competitividad de cada uno de ellos. Plantearse los retos de la competitividad y afrontarlos se convierte en la piedra angular en la que se apoya el progreso y paralelamente la consolidación de toda sociedad independiente y libre. En este escenario, y considerando los países más avanzados, su economía debería centrar sus esfuerzos en mejorar su competitividad, en la capacidad de transformar la información en capital de conocimiento y gestionarlo de forma eficaz. En definitiva, hay que asumir que en los países más avanzados la vía de progreso pasa por la competitividad basada en la innovación, en contrapunto a la de coste. Esta última vía queda reservada a aquellos países que no han alcanzado aún los niveles de bienestar y progreso de los que dispone el primer mundo y que siguen basando su competitividad en unos precios más bajos. Muchos países que han disfrutado de un modelo industrial amplio, pero sin industrias capaces de abordar los retos de la globalización, ya sea por tamaño o por falta de capacidad de generar invenciones propias y diferenciales, presentan serios problemas de adaptación de un modelo a otro. El modelo nuevo exige que sin perder capacidad industrial, la industria sea capaz de generar o de incorporar innovaciones, de mejorar la productividad de acuerdo a las posibilidades tecnológicas actuales y de ajustar los procesos a las multilocalizaciones posibles. En este proceso de trasformación reside el éxito de la competitividad, consecuentemente es dónde las empresas se juegan su futuro, al igual que los territorios y los colectivos que las albergan.

La vía de la innovación, proceso para alcanzar nuevos productos y servicios y optimizar los procesos productivos para alcanzar altas cotas de generación de valor, se fundamenta en la tríada ciencia, tecnología y diseño, en contrapunto a la sociedad industrial que fundamenta su desarrollo en los recursos productivos y en materias primeras baratas. Este hecho varía de forma significativa el desarrollo y significado del trabajo, y señala la pérdida de hegemonía de los parámetros rectores de la sociedad industrial.

La importancia del diseño

El diseño no es nuevo, pero resurge con fuerza en el último cuarto del siglo XX. A la tradicional y reconocida importancia del binomio ciencia-técnica de la era industrial y preindustrial, se sumó el diseño porque aportaba valor diferencial. Representaba seducción de la forma y riqueza en contenido. Además proporcionaba la capacidad de evitar la exclusión por motivos culturales, de formación o de género.

Un ejemplo de que el diseño es una cuestión que va mucho más allá de la estética se evidencia en el seno de la sociedad del conocimiento y en los entornos sintéticos del ciberespacio. En el ciberespacio, en tanto que espacio completamente artificial, la cuestión del diseño pasa a ser, sin ningún tipo de duda, un aspecto de primer orden. La forma en que imaginamos y producimos el ciberespacio para ser usado determinará en última instancia quién puede acceder a él, quién se puede beneficiar, quién lo aprovechará y hasta qué punto será un espacio de inclusión o de exclusión social.

En este contexto difícilmente es cuestionable la importancia del diseño como componente que conjuga, de forma armónica, la seducción de formas y la integración en los productos de los avances científicos y tecnológicos que los dotan de valor y diferenciación. Todo ello es requerido para alcanzar el éxito empresarial, es decir, la aceptación del producto o servicio por parte del mercado. Para las empresa que compiten en la economía global, el diseño y su gestión se han convertido en un elemento estratégico para alcanzar de una forma eficiente y eficaz la competitividad de la organización. La competitividad requiere tanto extraer las máximas posibilidades a los procesos productivos —gracias a las tecnologías y los conocimientos de la organización—, como dotar a los productos de diferenciación respeto a la competencia. Así podremos afrontar la competitividad, no basándonos en los precios bajos, sino en las características y valores de los productos.

La gestión del diseño otorga una capacidad de innovación que comporta la introducción en el producto de valores simbólicos, estéticos, funcionales y diferenciadores que seducen al comprador, posibilitando unos precios que aportan los excedentes requeridos en toda actividad empresarial. Los excedentes posibilitan la amortización de la inversión, la rentabilidad y la investigación e innovación requerida que posibilita continuar siendo competitivo más allá de las políticas de terceros o de las coyunturas económicas favorables. La gestión conduce la terna formada por empresa, producto, mercado a un funcionamiento óptimo, complementario y sinérgico. Consecuentemente la gestión del diseño, que es gestionar la empresa, abarca un amplio abanico de aspectos que van desde los aspectos más conocidos relativos a los valores estéticos, funcionales y de imagen hasta los asociados a la racionalización de los procesos productivos, de distribución, uso y reciclaje, y también, de forma más incipiente, a los relativos a los de impacto medioambiental y de sostenibilidad que el cambio climático pone frente a la humanidad.

Se puede afirmar que la manera en que la empresa enfoca estos problemas define tanto su capacidad competitiva como su estrategia de permanencia y compromiso frente a un futuro incierto y cambiante. La empresa no sólo define sus estrategias en cuanto a producción, producto o mercado, sino también en aquellos otros aspectos asociados al compromiso colectivo de que el progreso de hoy no puede condicionar o frenar el desarrollo del mañana.

Gestionar el diseño no es algo nuevo, pero con toda seguridad los nuevos paradigmas requieren nuevas habilidades y nuevos perfiles profesionales y exigen la participación activa, asumiendo compromiso de los diseñadores en la gestión. Éste es un hecho que no debería ser infravalorado. Consecuentemente es preciso identificar a los diseñadores que, adicionalmente al talento creativo, han interiorizado las exigencias derivadas del ciclo de vida del producto en toda su extensión, y los requisitos de la gestión del diseño de forma integral.

Los diseñadores están comprometidos con la sociedad. Tienen la exigencia de asumir la competitividad de las empresas y la generación de excedentes, a la vez que incrementan la calidad de vida y el desarrollo integral de los humanos de hoy sin condicionar el de las próximas generaciones. Son personas que con actitud abierta, responsable, analítica y crítica y con capacidad de liderazgo de equipos plurales y heterogéneos, saben aglutinar y vertebrar las habilidades requeridas para afrontar la investigación, la innovación y la interrelación multidisciplinar, contribuyendo de forma decidida a la sostenibilidad del planeta y del ecosistema que hace posible el desarrollo humano.

Diseño y cambio climático

En el escenario planteado en el apartado anterior, de un diseño que ya no es sólo un valor estético, sino que tiene en cuenta muchas más cosas, debe considerarse la minimización del impacto medioambiental de los productos y la óptima utilización de los mismos. En esta línea se convierte en crucial entender que deberíamos ultrapasar los ajustes centrados en la minimización del impacto ambiental de las industrias y actuar también sobre el proceso y el reciclaje de los residuos. Hay que retomar los problemas derivados del uso de los productos, ya que la mayor parte de la malversación de recursos y contaminación se produce en esta fase del ciclo de vida del producto, y no sólo al principio y al final, en que el impacto acostumbra a estar tan sólo entre el 10 y el 20% del total. A modo de ejemplo podemos pensar en el consumo de los aparatos de refrigeración o los vehículos con motores de explosión.

La función y la necesidad del diseño se evidencia con fuerza renovada cuando se analiza el incuestionable cambio climático (con independencia de que el origen de sus causas sea el hombre, la sobreexplotación del planeta, la malversación de los recursos o los ajustes periódicos al que es sometido el planeta tierra, entendido como el "elemento vivo" según la teoría Gaia).

Hoy en día se asume que el cambio climático es un hecho con implicaciones económicas inmensas y con consecuencias impredecibles para el desarrollo humano. También es cierto que los orígenes del mismo radican en parte en el propio desarrollo y crecimiento humano, que sigue un modelo basado en el hiperconsumo energético obtenido de la combustión de los depósitos fósiles, el incremento del número de habitantes, que conlleva la sobreexplotación del planeta, y la fabricación de productos de un sólo uso. No se tiene en cuenta que la mayoría de productos se producen con materiales no biodegradables y que en algunos casos incluso pueden reconfigurarse en moléculas nocivas que se incorporan a la cadena trófica alterando sustancialmente el medio ambiente. Este conjunto de hechos debería ser comprendido por los ciudadanos, ya que sólo con la participación consciente y comprometida de la sociedad, las empresas y las administraciones puede afrontarse este importante problema que condiciona el desarrollo humano y la consolidación de la economía del conocimiento, que debería conducirnos a un mayor y sostenible desarrollo.

Para que las empresas puedan actuar de acuerdo a las nuevas realidades derivadas del cambio climático se deben cambiar actitudes y adoptarse nuevos modelos productivos. Pero para poder actuar en la buena dirección se deben conocer las causas del cambio climático, ya que sólo desde su conocimiento se podrán mitigar los devastadores efectos que se predicen sobre la especie humana y sobre el plantea Tierra en general.

Sin ánimo de ser exhaustivo, ya que no es el objetivo, señalaremos algunas de las causas del cambio climático. Uno de los principales problemas es la alteración de la composición de la atmósfera con el incremento de los gases de efecto invernadero, que son: dióxido de carbono (CO_2), metano (CH_4), óxido nitroso (N_2O_2), clorofluocarburos (CFC), vapor de agua y ozono. Los 4 primeros son responsables en un 97% del efecto invernadero.[7]

---

[7] La mayoría de los estudios pronostican que las emisiones anuales de gases de efecto invernadero, a raíz del incremento de la producción y el desarrollo de los países emergentes, pueden aumentar en torno a un 50% para 2030 y duplicarse en 2050 si no se producen cambios drásticos a nivel global, especialmente en los relativos a la generación de energía.

La cantidad de dióxido de carbono, CO_2, que tiene la responsabilidad en un 60% del efecto invernadero, ha aumentado por la obtención de energía mediante el proceso de combustión. El metano, CH_4, con una responsabilidad del 16% del efecto invernadero, se origina en la ganadería intensiva. La cabaña bovina del planeta supera los 1.300 millones de reses, que generan unos 100 millones de toneladas anuales de metano, en zonas pantanosas y arrozales, y también proviene de las fugas en oleoductos. El óxido nitroso, N_2O_2, contribuye en un 4% al efecto invernadero. Se origina por el incremento de la agricultura intensiva y la sobreexplotación del suelo, que requiere un significativo uso de fertilizantes. Finalmente, los cloroflurocarburos, CFC, ocupan la cuarta posición. Se liberan al ser utilizados en los sistemas de refrigeración y como impulsores en los esprays y en extintores. En síntesis, la generación de energía, la movilidad, la ganadería, la agricultura intensiva, los sistemas de refrigeración, los útiles a presión del hogar, etc., son fuentes permanentes de emisiones que potencian el efecto invernadero de nuestro planeta tierra. Son elementos sobre los que se ha construido una parte importante de nuestro modelo social, por este motivo la solución es extremadamente compleja.

Esta complejidad obliga a llevar a cabo actuaciones en dos direcciones. La primera línea, está pensada para obtener resultados a largo plazo y debería enfocarse a disminuir los gases causantes del efecto invernadero para garantizar la vida de las próximas generaciones. Para reducir los gases se puede trabajar en asistir y potenciar los efectos de la autorregulación del planeta; cambiar el modelo productivo y de desarrollo y configurar un modelo de comportamiento humano más sostenible y ajustado a las capacidades del planeta. Esto implica la decidida actuación de científicos, economistas, pedagogos y tecnólogos.

La segunda línea de actuación hace referencia a dotar a los humanos de productos, herramientas y sistemas que permitan complementar la falta de adaptabilidad a los nuevos modelos climáticos. En esta línea, que debe tratarse como un elemento de supervivencia, habría que diseñar nuevos productos personales o de entorno y efectuar un esfuerzo notorio sobre las edificaciones existentes y las nuevas.

Es en estas dos líneas de acción donde las empresas afrontan nuevos retos en sus procesos de fabricación y diseño, pero también nuevas oportunidades de negocio. Los nuevos desafíos exigen productos concebidos con criterios de durabilidad, eficacia y de bajo o nulo impacto ambiental, con materiales biodegradables, reciclables o reutilizables, que consuman menos e incluso que puedan aprovechar la energía solar para poder ser autónomos. Igualmente se puede avanzar en la eliminación de la movilidad innecesaria potenciando el teletrabajo.

Sin duda los anteriores aspectos, más allá de concreciones y debates específicos, son elementos a considerar. Evidencian la importancia del diseño, que debe convertirse en eje central de la inclusión de los avances científicos y tecnológicos en los productos, servicios y procesos. Tiene que ser la piedra angular para afrontar la multiproblemática actual. Es una problemática sólo abordable con un proceso sistemático, continuado y riguroso de innovación, desarrollado por equipos plurales y heterogéneos que asumen con plenitud el potencial cuando simbióticamente se gestiona el avance científico, el desarrollo tecnológico y el diseño.

Competitividad

Asumimos la importancia determinante del diseño por lo que respeta a la obtención de productos diferenciales y altamente innovadores al ser utilizado simbióticamente con los avances científicos y tecnológicos. No debería olvidarse que a pesar del potencial que el diseño aporta al proceso innovador, la innovación no es suficiente para competir en la economía del conocimiento. Hay que aplicarla con una finalidad clara, que es la mejora continuada en un entorno complejo, asimétrico, cambiante y desregularizado donde la clave del éxito reside en la competitividad. La competitividad no pude ignorar la importancia de ser altamente productivos ni despreciar el potencial de la globalización.

Consecuentemente, la terna globalización, productividad e innovación se convierte en la clave para alcanzar la competitividad. Es una terna compleja en cuanto a su gestión, que requiere buscar el equilibrio óptimo entre los diversos componentes para cada valor o nivel de competitividad posible. El equilibrio entre los componentes en un determinado momento condicionará el valor o nivel de competitividad del futuro. Identificar los componentes y dar el peso óptimo a cada uno de ellos en la ecuación a resolver es el objetivo a alcanzar para ganar el reto de la competitividad. Si se logra, se estará en la vía para generar los recursos que garanticen los resultados, la rentabilidad y el avance libre de las sociedades.

La gestión de la terna globalización, productividad e innovación no es estrictamente novedosa de la sociedad actual y de los modelos productivos asociados. El comercio internacional y la exclusividad de ciertos productos en áreas del planeta es algo que se remonta al origen de las civilizaciones. En la actualidad un aspecto diferencial del comercio es la penetración y la cantidad y calidad del conocimiento usado. Sin ser exclusivo del modelo económico actual, es claramente distinto a los modelos precedentes, que si bien buscaban incorporar el conocimiento en los procesos productivos, actualmente son claramente distintos, por tres aspectos. El primer aspecto hace referencia al tiempo requerido para incorporar nuevos conocimientos. En la era industrial, el tiempo que transcurría desde que los avances científicos y tecnológicos se corporaban al proceso productivo y se convertían en PIB era muy elevado, podían trascurrir años; ahora en la economía global es todo lo contrario, los años se han convertido en meses. El acceso a nuevos descubrimientos y herramientas es posible prácticamente para todas las organizaciones. La incorporación de tantos avances provoca que los productos anteriores queden obsoletos muy rápidamente. Si bien los productos antiguos pueden continuar aportando volumen de facturación, su capacidad de aportación al margen de beneficio es muy baja y por consiguiente las empresas con este tipo de productos son muy débiles. En la actualidad, la vida de muchos productos no sobrepasa los dos años porque se ven superados por nuevos productos con mejores funcionalidades, prestaciones y precios de adquisición inferiores. Esto obliga a afrontar los procesos de amortización y de rentabilización de las inversiones a corto plazo y a la vez exige capacidad para operar en mercados amplios y con cobertura lo más global posible de acuerdo a las características de los mismos.

El segundo aspecto que diferencia la época actual de la precedente es que antes la competencia y el mercado eran, la mayoría de las veces, locales. Éste no es el caso actual, en que la globalización de la información y de los avances científicos, juntamente con las facilidades de ubicación y la liberalización del comercio, generan unas organizaciones productivas muy distantes y condicionadas a los territorios productivos, que frecuentemente operan con reglas de juego divergentes.

Finalmente, la época actual es diferente por las especializaciones en sectores productivos o de desarrollo y la aplicación de conocimientos. Las especializaciones se producen en áreas trasnacionales y a escala planetaria, originándose núcleos de excelencia que favorecen a las organizaciones instaladas en estas ubicaciones.

Cabe, pues, afirmar que hoy no existen empresas, servicios y productos de la era industrial o de la era del conocimiento, solamente existen empresas y organizaciones que saben adaptarse para afrontar estos dos aspectos caracterizadores actuales: disponibilidad del avance científico y un mercado con competencia y oportunidades a nivel global.

Adaptarse a estos requisitos requiere ajustar nuevos patrones de organización y a la vez ajustar los modelos de gestión para conseguir ser altamente competitivos alcanzando el nivel de globalización óptimo, la máxima capacidad productiva en todo momento y el nivel de innovación adecuado de acuerdo a los avances científico-técnicos y del sector en que se desarrolla la actividad. Consecuentemente, para poder ajustar los modelos productivos en esta coyuntura las organizaciones deberían tener claramente enfocados sus sistemas de gestión y de toma de decisión y a la vez estar dispuestas a los siguientes aspectos, entre otros:

- Introducir cambios en la organización específicos a las características de cada uno de los centros productivos.

- Buscar las mejores oportunidades para rentabilizar los activos vertebrando una cultura de mentalidad global, de fidelidad al equipo y simbiosis entre científicos, tecnólogos y creativos.

- Implantar una cultura tolerante en cuanto al error. Si se ha producido mientras se intentaba alcanzar los objetivos, nos permite aprender algo nuevo.

- Adoptar modelos descentralizados de producción y desarrollo, distribuyendo, si es el caso, los procesos, o partes de los mismos, en las ubicaciones más adecuadas buscando siempre la localización óptima.

- Establecer modelos de toma de decisiones en tiempo real cercanos a los lugares de acción, dotándolos de la información y las competencias requeridas

- Ajustar los escenarios y mecanismos de asunción y rendición de responsabilidades, tanto de los directivos como de los profesionales en general.

- Innovar de forma permanente, de forma incremental y cualitativa de acuerdo a las oportunidades de los mercados y al progreso científico-técnico.

Globalización

Entendemos la globalización como la capacidad de distribuir el proceso de producción y venta a lo largo del planeta (veremos todo su abasto en el capítulo 5). La globalización ultrapasa el concepto de internacionalización porque implica más interdependencia, apertura de nuevos mercados y liberalización. En este escenario, el reto empresarial consiste en extraer las ventajas que se le derivan. Hay que gestionar simultáneamente tanto bienes tangibles como intangibles. Es importante la localización de la empresa, la internacionalización del producto y la capacidad de convertirse en referente de calidad en cuanto a los servicios y los productos ofrecidos. Poder llegar lejos sólo está al alcance de aquellos que impregnan la organización de conocimiento compartido y de trabajo en equipo.

Un aspecto a no despreciar en el contexto de la globalización es la logística. Tal como se ha indicado anteriormente, la creciente liberalización producida en el último cuarto del siglo XX con la constante eliminación de las barreras comerciales y de las facilidades de ubicación en distintos territorios, ha permitido que el proceso productivo se localice en los lugares óptimos. Para poder identificarlos hay que tener en cuenta las asimetrías legislativas, salariales y culturales existentes, la facilidad de acceso a los avances científico-técnicos y a los procesos liberalizadores y desregularizadores locales.

La localización óptima, que conlleva en algunos casos procesos de deslocalización, puede comportar que los procesos productivos, o parte de ellos, se ubiquen con independencia del lugar final donde se producirá la venta o uso del producto. Si bien los problemas de la producción remota o a distancia de los centros de decisión son conocidos desde hace siglos, en la actualidad son menores porque existe la posibilidad de interactuar de forma virtual gracias a los avances en las telecomunicaciones y también porque se ha incrementado la velocidad de desplazamiento de las personas y los productos.

La presencia virtual es posible gracias a la cobertura global de las comunicaciones vía satélite. En tiempo real recibimos y emitimos información multimedia desde cualquier parte del planeta, al igual que mantenemos telereuniones compartiendo la información sin necesidad de desplazamientos físicos.

En cuanto a la velocidad de transporte, en los últimos años no sólo se han incrementado las alternativas, sino que también ha disminuido el coste, a pesar de los incrementos en los combustibles. Se han reducido drásticamente los tiempos requeridos por el auge de las compañías aéreas o la mejora sistemática de las comunicaciones terrestres y marítimas.

Logística

La Asociación Francesa de Logística define la logística como "el conjunto de actividades requeridas para colocar al mínimo coste una cantidad determinada de producto en el lugar y momento que es requerida". Esta visión ya no es suficiente. En muchos casos, en el contexto actual se debe considerar que el proceso logístico incorpora el ciclo de vida completo de los productos. Como el proceso de fabricación integra el consumo, se pueden minimizar los costes de almacenamiento y a la vez ubicar los productos en el momento preciso y en el lugar requerido.

Los aspectos logísticos son clave en el éxito empresarial y deben ser abordados desde una perspectiva de multiemplazamiento y fragmentación del proceso productivo. Las actividades de diseñar, administrar y producir los bienes y servicios (ver figura 1.1, subsistema empresa) gracias a las tecnologías telemáticas y al proceso liberalizador pueden ubicarse en localizaciones diversas.

Como se ve en la figura 1.1, la relación entre empresa y mercado se basa por un lado en la movilidad de las personas y el transporte de productos (flecha de abajo), y por el otro en las informaciones que permiten el seguimiento y el análisis del mercado (flecha de arriba).

La movilidad de personas y productos constituye el sistema logístico físico. En cambio, el sistema logístico de información canaliza las informaciones procedentes del mercado y que la empresa recibe e interpreta. Productos, personas e informaciones son tres componentes íntimamente interrelacionados y que deben ser considerados en la construcción de los procesos y plataformas logísticas.

Sistema logístico = f ₒₚₜᵢₘₐ **[datos** informaciones **; personas** movilidad **; productos** emplazamiento adecuado**]**

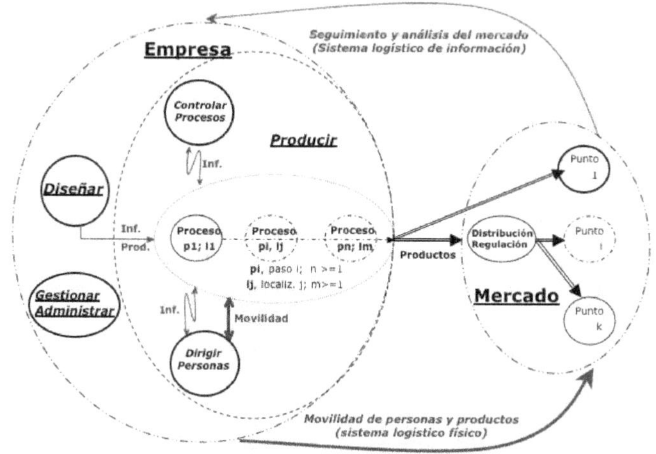

Todo ello hay que interpretarlo teniendo en cuenta que nos movemos en un contexto mundial (ver figura 1.2), que interconecta los continentes de norte a sur y de este a oeste, salvando fronteras y buscando los mercados y las ventajas específicas de cada territorio.

Sistema logístico = f ₒₚₜᵢₘₐ **[datos** informaciones **; personas** movilidad **; productos** emplazamiento adecuado**]**

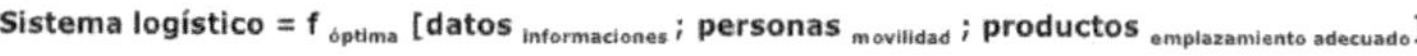

Esta concepción amplia del proceso de producción exige un sistema logístico complejo. Paralelamente al flujo de productos se tiene que desarrollar un flujo de información que garantice el cumplimiento de los objetivos. En esta línea algunos autores hablan de "cadena logística", entendiéndola como el proceso que incorpora el flujo de materiales, el almacenamiento de productos y la información asociada. De esta forma, conjuntamente a los sistemas y herramientas para colocar los materiales y productos adecuados en el mercado preciso, las empresas que abordan las ventajas de la localización óptima y de los múltiples localizaciones requieren disponer de sistemas para transmitir y procesar la información necesaria para garantizar el flujo óptimo de las mercancías.

Esto tiene que ir paralelo a las facilidades para el flujo de personas. La buena comunicación es vital para poder configurar equipos que puedan asumir compromiso y retos comunes, pero también que compartan vivencias y experiencias. Esto exige conocer sin filtros las realidades socioculturales de cada uno de los emplazamientos de producción o de distribución.

En síntesis, un buen sistema logístico exige garantizar la trazabilidad de las mercancías o productos. Es la información básica para alcanzar la calidad y anticiparse a las problemáticas siempre hay que tener constancia de la ubicación exacta de los productos, disponer de las informaciones que permiten la toma de decisiones en tiempo real y facilitar la movilidad de las personas.

Productividad

Como veremos en el capítulo 4, la productividad tradicionalmente se entiende como un valor que mide la cantidad de recursos utilizados para producir una determin da cantidad de productos o servicios, de acuerdo a unas especificaciones concretas y a una calidad establecida. Mejorar la productividad comporta adquirir la capacidad de combinar los factores de producción de la forma más eficaz.

Los factores que fundamentan la productividad son las infraestructuras, el equipo humano cohesionado y también un entorno o territorio donde las personas además de crecer profesionalmente pueden hacerlo personal y socialmente. Sólo con equilibrio entre los tres componentes la productividad puede alcanzar cotas óptimas.

Por lo que respeta al equipo humano, tiene que buscar la excelencia. Dentro del equipo tienen que coexistir liderazgos diversos, compromisos, habilidades, conocimientos y actitudes. Para poder trabajar en equipo son básicos los valores actitudinales. Para mejorar la actitud de los trabajadores, es bueno dar un margen de responsabilidad y de libertad a las personas, que les permita desarrollar actividades creativas.

La formación también es primordial. Se necesitan personas con dominio de los conocimientos instrumentales de las herramientas tecnológicas, pero también tienen que estar capacitadas en conocimientos abstractos, que les posibiliten continuar desarrollándose e incorporando los avances científicos.

Muy a menudo los modelos organizacionales no están preparados para este tipo de trabajador o, sino, tienen serias dificultades en su implantación cuando concurren en las mismas ubicaciones 'trabajadores del conocimiento' con personal poco cualificado.

Innovación

La innovación debe plantarse de forma integral, es decir, sobre el producto, la organización y el proceso. Asimismo, al innovar se debe asumir el riesgo de que en algunas de sus vertientes no se conseguirá alcanzar la totalidad de los beneficios posibles.

Para poder innovar hay que gestionar y considerar aspectos científicos, técnicos y culturales, conocimientos, formación de los colaboradores, mecanismos de toma de decisión y capacidades de interrelación y cooperación. Todos estos aspectos se centran en las capacidades de las personas y en su talante, que necesariamente está muy vinculado a su cultura, la cual a su vez impregna todas sus actuaciones. La innovación requiere una actitud específica a nivel individual y colectivo: no se puede renunciar a aceptar riesgos, sino que se tiene que asumir que todo tiene una fecha de caducidad y que quizás la utopía de hoy no lo será mañana.

La innovación no es algo nuevo, si bien desde la década de los 60 es un tema analizado y tratado recurrentemente. El modelo relativo a investigación e innovación vigente en muchas organizaciones sigue siendo el que establece el Manual de Frascati. Pero éste ya no es suficiente para definir y enfocar la innovación en el contexto actual, por ser un modelo muy anterior a los avances tan significativos que ha habido en el campo de la telemática y la computación, y porque está lejos de los escenarios de la sociedad y la economía del conocimiento. El modelo establecido en Frascati comportó significativos avances en los procesos productivos, básicamente industriales, y en tecnología.

Asimismo, es obligado constatar que la innovación relativa a la organización y al producto no se ha abordado con rigurosidad y sistematización en muchas organizaciones, que olvidaron innovar en organización. Esta innovación es realmente compleja, ya que afecta de forma directa al trabajo y a las personas.

En cuanto a la innovación en producto, supone el auténtico reto de las empresas para competir por valor y no por coste. Es preciso plantearla en su sentido más amplio, es decir, considerando los elementos que aportan valor al producto y situarse en la tipología de valores de los mismos. En el esquema de la figura 1.3 se ve como la innovación en producto se sustenta en los avances científicos, las capacidades tecnológicas y la funcionalidad y seducción aportadas por el diseño. La competitividad de un producto puede afrontarse como una batalla de costes (como se presenta en la flecha inferior de la figura 1.3), entendiendo que el precio es el componente básico en la toma de decisión del consumidor. En este caso las capacidades productivas, recursos humanos y materias primeras serán al menor coste posible: se busca reducir al máximo los salarios, los costes medioambientales y sociales, los aspectos relativos a la seguridad y la materia prima requerida.

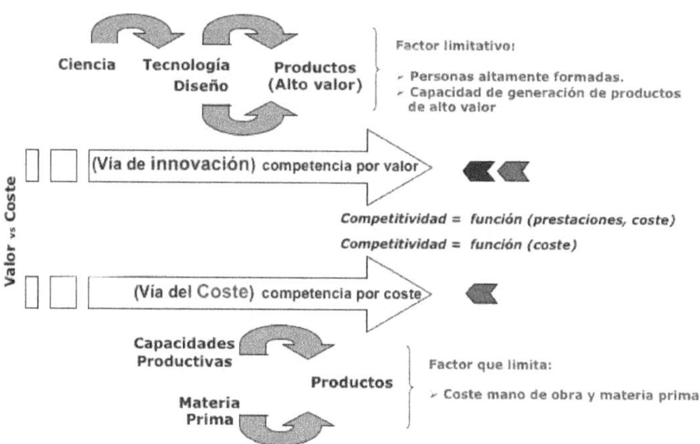

La segunda vía, la del coste, no tiene futuro y es inapropiada en un contexto de sostenibilidad y compromiso con el desarrollo humano. Hay que contraponerle la vía en que la competencia se fundamenta en el valor diferencial del producto, que aporta prestaciones que incluyen aspectos relativos a su funcionalidad, prestaciones, calidad y el óptimo equilibrio entre prestación y coste de adquisición.

La innovación en producto y en organización es la clave del éxito de las empresas. Es preciso afrontarla con determinación y sin dilaciones. Como la mayoría de las organizaciones utilizan tecnología estándar y accesible, abordar la innovación requiere disponer de mecanismos que garanticen la continuidad del flujo de generación y aplicación del conocimiento, propio o externo, hacia los procesos productivos. Muchos de los conocimientos necesarios, explícitos e implícitos, circulan libremente por las redes interactivas y su comprensión y gestión permiten a las empresas poder reformular posiciones, estrategias y proyectos tantas veces como sea necesario para alcanzar los desafíos y exigencias del mercado global.

Gestionar el conocimiento

Alcanzar altas cotas de productividad e innovación es esencial en muchas organizaciones, pero los mejores resultados se alcanzan cuando se es capaz de gestionar correctamente los recursos, las informaciones y el talento propio y externo. En definitiva, gestionar bien el conocimiento es básico. Así podremos dirigir y focalizar el progreso de generación de nuevos conocimientos en aquellas áreas estratégicas para la empresa y optimizar su conversión en innovaciones. Por otro lado el conocimiento está focalizado en conocer, analizar, comprender y extraer las potencialidades de los colectivos y ecosistemas donde se desarrolla la actividad productiva. El entorno físico, o virtual, va más allá de donde las capacidades deductivas o percepciones directas de los humanas alcanzan como consecuencia del incremento de la complejidad de la globalización, lo cual exige el uso de las tecnologías telemáticas y computacionales.

El conocimiento se convierte en el recurso que permite actuar ante las situaciones cambiantes o no conocidas, es algo que reside fundamentalmente en las personas, pero también en las herramientas que ellas utilizan individual o colectivamente. Gestionar el conocimiento interno requiere generar entornos, condiciones y procesos para que los flujos de generación y transmisión de conocimiento circulen eficazmente. Son necesarias herramientas que permitan usarlo colectivamente de forma natural con independencia de la ubicación de las personas o el momento.

La necesidad de gestionar el conocimiento individual, de los equipos propios, del entorno y el de terceros es una exigencia antigua, sin embargo en las últimas décadas su importancia ha ido incrementándose. Como ya hemos señalado en los apartados anteriores, nos encontramos en un escenario en que ya no basta con conocer sólo las características del ámbito local. Ahora los mercados son abiertos, los procesos productivos están deslocalizados, hay grandes avances científicos y también hay potentes sistemas de telecomunicación y computación. Los cuatro aspectos, siguiendo modelos no predefinidos, han demostrado su alta capacidad de transformación continua no sólo en los aspectos económicos, sino también en los aspectos ambientales, sociales y antropológicos. Exigen ser gestionados de una forma sistemática como un recurso esencial.

Debe comprenderse que si bien el conocimiento crece y se desarrolla en las personas y los equipos, ahora es requerido que esté disponible en toda la organización, pero esto tampoco es suficiente. Es preciso disponer de nuevos modelos organizacionales y de formas de conducir las actividades, anudar voluntades y desarrollar capacidades. Se requieren modelos de liderazgo, fundamentados en potenciar la capacidad creativa y el talento de las personas. Las personas tienen que tener capacidad de interacción más allá del entorno sociocultural donde nacieron, se formaron e iniciaron sus carreras profesionales.

En ese contexto, el líder se convierte en el elemento fundamental. Aporta un mayor margen de beneficio a la empresa y genera PIB porque sabe enfocar el talento de su equipo hacia el logro de objetivos específicos que también representan oportunidades de desarrollo individual.

Las organizaciones y sus líderes deben entender que el fin último de su gestión es anticiparse a los cambios y obtener ventajas de diversos potenciales. Los cambios y la mejora continuada servirán también para evitar la desmotivación de las personas y la obsolescencia de sus conocimientos. Esto obliga a trazar políticas que permitan lograr compromisos emocionales con la organización y el propio equipo, posibilitando relaciones estables a largo plazo con aquellos profesionales con talento. Para ello también es muy importante no olvidar los mosaicos de culturas e historias confrontadas que han sufrido en tiempos no lejanos los diversos colectivos, lo que obliga a generar en el seno de las organizaciones los ambientes multiculturales requeridos. Con todo esto se facilitan el crecimiento y el reconocimiento de la persona junto con los logros de la organización.

En definitiva, la gestión del conocimiento no es sólo captar y procesar información, convirtiéndola en conocimiento competitivo, ni tampoco es únicamente obtener mecanismos para detectar oportunidades y actuar de forma eficaz y eficiente en el seno de las organizaciones y los mercados, tampoco consiste exclusivamente en generar procesos altamente innovadores, que faciliten la conversión rápida del conocimiento en valor. Es todo esto, pero también es generar un entorno en que se facilite que el conocimiento se desarrolle de una forma continuada, lo que implica conseguir: a) que las cualidades y capacidades humanas afloren; b) que el desarrollo personal y profesional evolucione de forma simbiótica; c) que se gestione la resistencia al riesgo y a asumir la incertidumbre; d) que se posibilite la adaptabilidad permanente; e) que se incentive la transparencia, el registro y la transmisión de las información; f) que se incorporen los avances técnicos; g) que se alcance la versatilidad; h) que se controlen los costes en un contexto de sostenibilidad asumiéndose la necesidad de que en toda actividad de la organización se produzcan, a medio y largo plazo, los excedentes que permiten la rentabilidad y el progreso de las iniciativas.

Los nuevos desafíos exigen afrontar y cambiar los obstáculos cotidianos, modificando las inercias hacia lo que es habitual generando capacidades de adaptación a los nuevos contextos y situaciones. Es necesario vencer la cotidianidad que se arraiga en el ritmo de actividad, las pautas de consumo, los modelos de comportamiento y hábitos laborales y relacionales, generando nuevos entornos de autonomía y responsabilidad para que el talento se convierta en innovación, productividad y competencia global.

2. LA COMPETITIVIDAD: UN PROCESO INTEGRAL DE LA ORGANIZACIÓN

Las organizaciones afrontan los desafíos de la competitividad sabedoras de que es la única opción que tienen para crecer, prolongar su existencia a lo largo del tiempo, afrontar problemas complejos y convertirse en marcas de referencia, aumentando su rentabilidad. Estos aspectos exigen buscar la excelencia en las actividades propias y no ignorar las fortalezas y debilidades de los competidores. Este proceso debe abordarse de forma continua y permanente, superando las dificultades endógenas y exógenas.

Hay que conocer bien los paradigmas de la sociedad y la economía del conocimiento, entendiendo a la vez que las empresas deben adquirir las capacidades requeridas para acceder a los mercados globales con productos diferenciales y de alto valor. También hay que asumir los desafíos en que se encuadra el proceso competitivito, lo cual exige la búsqueda permanente de la excelencia.

Dicha búsqueda de excelencia para llegar a la obtención de productos de alto valor debe impregnar todas las actividades empresariales. Esto obliga a considerar los avances científico-técnicos, que se producen de forma continuada y que abren nuevas formas de plantearse las actividades y los procesos productivos, las capacitaciones profesionales de los trabajadores y las pautas sociales que condicionan o fijan exigencias. Todo ello obliga a innovar para hacer más, hacerlo mejor y de forma diferencial, posibilitando a la vez incrementos de productividad para alcanzar rentabilidades óptimas, asumiendo los riesgos derivados del proceso de mundialización y vertebración de un mercado único.

La transición hacia un mercado mundial único exige ser altamente competitivos. Para ello la organización debe basar su estrategia en el óptimo equilibrio entre una terna configurada por la capacidad innovadora, el establecimiento de sistemas para ser muy productivos y utilizar las ventajas de la apertura de los mercados y la localización óptima de sus procesos productivos gracias al proceso globalizador.

El entorno socioeconómico y la competitividad

El entorno socioeconómico que caracteriza la primera década del siglo XXI, que hemos descrito en el capítulo anterior, genera una dinámica de cambio permanente en las actividades humanas. Afecta tanto las actividades de aprendizaje, como las productivas, relacionales o lúdicas, que tienen que estar en permanente revisión para obtener la eficiencia en los esfuerzos y recursos dedicados a ellas.

Toda actividad humana persigue obtener los máximos resultados con el mínimo esfuerzo de costes y recursos empleados. En el caso de las actividades de carácter económico es indispensable. Su desarrollo se produce en un marco de competencia entre organizaciones que actúan sobre un mismo mercado y ofertan productos y servicios similares. Todas buscan los beneficios que garanticen su continuidad y desarrollo. En consecuencia las empresas afrontan la batalla de la competitividad sabedores que solo logrando el éxito podrán crecer, prolongar su existencia a lo largo del tiempo, afrontar problemas complejos y convertirse en marcas de referencia, con lo cual aumentarán su rentabilidad. Así pues, la competitividad tiene que ser planteada frente a terceros y frente a uno mismo, buscando la excelencia en las actividades propias y no ignorando las fortalezas y debilidades de los competidores.

Este proceso de búsqueda constante de la competitividad va estrechamente ligado a los paradigmas que mueven y rigen a las sociedades: los marcos jurídicos que regulan las actividades, las capacidades de liderazgo, el acceso a la información y a los avances científico-técnicos. En definitiva, va ligada a un conjunto de coyunturas que obligan a abordar la competitividad de forma continua y permanente. Por consiguiente, en la coyuntura actual no debería hablarse de forma aislada de los conceptos que confluyen en la competitividad, sino que deben ser considerados y gestionados como una unidad. La competitividad de toda organización está condicionada por factores endógenos, pero de forma creciente también lo está por factores exógenos que condicionan o posibilitan en gran parte la competitividad de la empresa. Los escenarios, los territorios donde se ubica la empresa y desarrolla su actividad, condicionan totalmente el funcionamiento interno y la empresa debe saber adaptarse a los cambios que los territorios sufran.

En este contexto, la consolidación de buenos niveles de competitividad pasa por asumir en plenitud los paradigmas de la sociedad del conocimiento. En esta sociedad "la generación, el procesamiento y la transmisión de la información se convierten en las fuentes fundamentales de la productividad y el poder, debido a las nuevas condiciones tecnológicas"8. Esto comporta afrontar los hábitos, los procedimientos y los modelos organizativos y culturales que las tecnologías computacional y telemática permiten, en un mundo global liberalizado, intercomunicado, competitivo y muy desequilibrado en cuanto a costes y posibilidades de futuro. Para hacerlo se requiere que las organizaciones tengan la capacidad y la voluntad de afrontar los nuevos retos, pero también es necesario que la sociedad en su totalidad afronte los desafíos y las transformaciones requeridas.

Las administraciones, las empresas y la sociedad civil[9] tienen que aceptar el reto poniendo en marcha, de forma complementaria en un marco de cooperación, todas aquellas iniciativas que garanticen, a medio plazo, que su sociedad ocupe los primeros lugares en el ranking de países que han alcanzado los niveles óptimos de competitividad y bienestar en el contexto de la sociedad del conocimiento.

Para hacer posible que toda sociedad avanzada e industrializada disponga de altas cotas de bienestar, es preciso disponer de un entorno facilitador y de un estado de opinión favorable. Para ello hay que entender que invertir en tecnología no es suficiente. La inversión es sólo un primer paso ineludible. Asimismo, el éxito

---

[8] *La era de la información*; Alianza, Madrid, 1996-97 (3 volúmenes)

[9] Por sociedad civil entendemos aquella parte del ámbito privado cuya actividad no tiene ánimo lucrativo. En otras palabras, la sociedad civil acaba allí donde comienza la administración pública y donde comienza el mercado [A. Garrell, A. Farrés, P. Monràs, S. Sardà. *La Societat de la Informació: Una oportunitat per Catalunya, reptes i instruments*. Barcelona septiembre 2002, Editado por el Cercle per al Coneixement, www.cperc.net].

está en la manera en que se utiliza y cómo se aplican las nuevas tecnologías, los nuevos conocimientos y las posibilidades derivadas de la apertura de mercados.

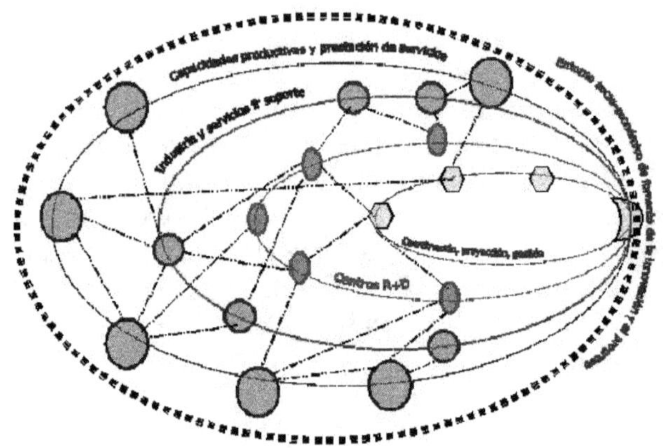

La disponibilidad de un entorno facilitador comporta asumir un triple desafío. En primer lugar se debe posibilitar que las empresas, las universidades, los centros de investigación y los centros de innovación y diseño actúen de forma sinérgica, trabajando en red (ver figura 2.1) de forma coordinada. Así podrán alcanzar los beneficios de la cooperación, la interrelación, la información y la proximidad física y telemática, lo cual posibilitará que el avance científico se incorpore más rápidamente a los procesos empresariales. En segundo lugar, se debe facilitar el surgimiento de iniciativas emergentes y facilitar su interrelación con las empresas consolidadas. Finalmente, es requerido proyectar el territorio a nivel mundial, dotándole de capacidad de presencia y actuación global, convirtiéndolo a la vez en polo de atracción de recursos humanos y económicos por el hecho de concentrar capacidades y potencialidades: trabajo, rentabilidad, suelo, formación, conocimiento, infraestructuras, vivienda, calidad de vida, progreso, etc.

En cuanto a generar un estado de opinión favorable, es necesario apoyarse en una serie de elementos clave tales como: que los políticos lo tengan como prioridad y actúen en consecuencia, que las empresas y los centros de formación e investigación que acoge sean de referencia en el territorio, que haya una cultura de valoración de la actividad científica y de innovación continua en las empresas. Todo esto cambiará la percepción por parte de los ciudadanos de "retornos" tangibles en una situación de cambio global.

En cuanto al reto de la competitividad de las empresas en las sociedades prósperas deben contemplarse todos los aspectos anteriores y afrontarse profundas modificaciones en cuanto a la formación y reciclaje de los trabajadores, abordar la investigación y la innovación de forma sistemática, involucrarse en la responsabilidad social y comprometerse en la sostenibilidad de los procesos.

Los retos asociados a los nuevos desafíos

Aprovechar las oportunidades derivadas de los nuevos desafíos depende, en el actual contexto, de poder asumir y afrontar cuatro retos. El primero consiste en entender la formación de los ciudadanos como una misión estratégica, lo cual comporta adquirir la capacidad intelectual necesaria para aprender a lo largo de toda la vida.

Las empresas adquieren el volumen necesario, ya sea por crecimiento propio o con modelos de colaboración en red, para llegar a los mercados globales con productos diferenciales y de alto valor. Especial atención debe prestarse a las infraestructuras que facilitan la rápida comunicación, tanto del saber (telecomunicaciones) como de la movilidad de las personas y los productos en el propio territorio y hacia aquellas otras zonas de producción o a los mercados receptores de los productos. Esto implica las máximas facilidades de acceso al territorio por vía terrestre, marítima y aérea. Ésta es una de la claves para afrontar los beneficios derivados de la globalización y el progreso técnico y científico.

El tercer reto hace referencia a la necesidad de convertir el territorio en nodo de progreso. Esto se consigue gracias al trabajo sincrónico entre la universidad y los centros de investigación con la empresa en áreas específicas del saber, de tal forma que posicionen el territorio en las redes de conocimiento e innovación mundial. Fomentar la investigación y la innovación requiere tener especial cuidado en atraer y retener talento, por este motivo deben cuidarse los aspectos asociados a facilitar las iniciativas empresariales, la disponibilidad de espacios de acogida con viviendas, infraestructuras y los servicios que posibilitan el surgimiento y consolidación de iniciativas.

En cuarto lugar no se pueden descuidar las políticas encaminadas a preservar la calidad de vida y el bienestar de los ciudadanos. Hay que tener especial cuidado de la libertad política, de la salud, del fomento de la cultura, del equilibrio medioambiental del ecosistema. Además hay que actuar para impedir la fractura social y la exclusión del progreso por motivos generacionales, culturales o geográficos.

Las empresas conocen en qué medida su ubicación potencia o frena su competitividad, por este motivo deben involucrarse en afrontar los cuatro retos. Saben que aquél que específicamente les corresponde es el relativo al ajuste de sus modelos productivos a los nuevos modelos exigidos y que la competencia global abre inmensas oportunidades en aquellos territorios dinámicos y altamente capacitados, a la vez que reduce dramáticamente las posibilidades a aquellos territorios que no están en condiciones de afrontar los retos exigidos.

En este contexto las organizaciones deben dotarse de los mecanismos que permitan adquirir: la diferenciación de sus productos y el volumen suficiente de producción y la oferta para afrontar los retos de la mundialización y la competencia con otras zonas económica y socialmente desequilibradas. La vía por hacerlo sigue siendo la ya iniciada: continuar en la búsqueda de la mejora de la competitividad de las empresas en base a la productividad, centrarse y potenciar el desarrollo en aquellas áreas de más valor añadido y con una sólida base donde apoyarse.

Competitividad: innovación, productividad y globalización

La forma de plantearse la competitividad en el escenario presentado, con una dinámica de mercados caracterizados por la superoferta existente y la alta competencia, varía en función de si queremos colocar nuestro producto en un mercado en expansión o en uno consolidado. También depende del tipo de productos, de la capacidad adquisitiva del segmento al que se dirigen y del diferencial entre el coste y el precio que el consumidor está dispuesto a pagar. Este precio siempre será subjetivo, depende del valor que el consumidor percibe que le aporta el producto.

El fin último del proceso competitivito debe ser aumentar los beneficios incrementando cuotas de mercado, disminuyendo costes y robusteciendo la organización a base de incrementar sus capacidades transformadoras y de posicionamiento en los mercados.

Todo ello permite alcanzar los mayores resultados, que no es otra cosa que ganar clientes, ofertas y mercados a la competencia. Tenemos que ser conscientes de que la actividad humana se mueve en mercados de recursos y demandas finitas, de modo que un cliente que ganamos es un cliente que la competencia pierde, y viceversa.

La requerida búsqueda de la excelencia obliga a la mejora permanente considerando los avances científico-técnicos. Para ello debe asumirse la innovación diferencial permanente, como el camino requerido para hacer más, hacerlo mejor y hacer de nuevo. Debemos actuar sabiendo que la eficiencia de hoy no es la de mañana, pero sí que condiciona la del futuro, tanto por los tiempos requeridos en la amortización de las inversiones efectuadas y recursos disponibles, como por las capacidades específicas de los equipos humanos que configuran las organizaciones tanto a nivel de ejecución, como de gestión y planificación de la misma.

Con estas premisas la finalidad de la innovación es obtener los mejores resultados de la actividad desarrollada, sabedores que las empresas pueden introducir mejoras en todas sus actividades. Todos sus procesos, sin excepción, deben ser analizados conjuntamente tanto por los que los ejecutan, que sin duda conocen mejor sus problemáticas y puntos débiles, como por aquellos que, conociendo los avances y disponibilidades de los nuevos conocimientos y útiles tecnológicos, articulan el proceso innovador de la organización. La innovación, por lo tanto, no sólo debe aplicarse a "cómo se hacen las cosas", algo que ya se ha hecho de forma habitual a lo largo de decenios y que se focalizaba estrictamente en los procesos y en la inclusión de maquinaria y los útiles tecnológicos.

El proceso de innovación debe actuar también sobre los productos, ya que son los que marcan la diferenciación entre empresas y determinan su aceptación en el mercado. Hay que hacerlo, igualmente, de una forma especial e intensiva, sobre el eje central de las organizaciones que son las personas que, aportando su talento y capacidades, permiten el desarrollo de las actividades, su adaptación a los entornos plurales, su evolución y su progreso. Innovar en productos e innovar en organización aporta en la mayoría de veces mejores tasas de competitividad que la estricta innovación en procesos fundamentados en los avances tecnológicos, que si bien aportan mejoras productivas (y consecuentemente también mejoras en costes), no pueden incrementar los bienes tangibles e intangibles que incorpora el producto y que, en definitiva, determinan el valor que el mercado les otorga.

El proceso de innovación debe posibilitar incrementos de la productividad. La productividad es la relación entre la cantidad de recursos utilizados para generar una determinada cantidad de productos o servicios, de acuerdo a unas especificaciones concretas y a una calidad establecida. Exige ser considerada de forma constante ya que, si bien la senda que conduce a la solvencia y al crecimiento empresarial son los excedentes, no puede ignorarse que del conjunto de productos y servicios que caracterizan la organización, su aportación o contribución al margen es diverso, contribuyendo algunos por volumen y otros por precio. Los diversos tipos de productos tienen rentabilidades diferentes. Especialmente necesitan revisión sistemática los que presentan márgenes más ajustados, ya que sin valores óptimos de productividad las organizaciones no son competitivas ni a largo ni a medio plazo.

La innovación, como proceso de mejora permanente, y la productividad para alcanzar rentabilidades óptimas, deben ser asumidas por las empresas dentro del proceso de mundialización y vertebración de un mercado único. Tienen que ajustarse a las realidades de cada región y mercado por lo que se refiere a costes de producción y niveles de renta.

Deben considerarse así mismo la capacidad de telecontrol y los bajos costes del transporte de mercancías, circunstancias que conforman un nuevo escenario donde la revisión de la localización no puede ser ignorada. Una buena localización representa mejora de costes, consecuentemente incremento de la competitividad, que ayudan al incremento de los márgenes o por lo menos al mantenimiento de la rentabilidad de la actividad empresarial.

Los procesos de deslocalización y localización no afectan sólo a la producción de productos y servicios, sino que afectan también, desde hace mucho más tiempo, al capital y a los flujos monetarios. Gracias a una buena localización, los flujos monetarios se dirigen a los mercados financieros con más capacidad de aportar plusvalías o, si no, van a parar a aquellos lugares donde las ventajas fiscales permiten un plus adicional en cuanto a la rentabilidad financiera.

En resumen, en la actual coyuntura de transición hacia un mercado mundial único se requiere disponer de una elevada competitividad, que se fundamenta en la innovación, la productividad y la globalización. Estos tres ejes los representamos en la Figura 2.2. Como se ve, la representación tiene que ser tridimensional.

La innovación, en contrapunto a los salarios preindustriales, tiene que completarse con un territorio con una alta calidad de vida para atraer y retener el talento capaz de generar y aplicar nuevo conocimiento. La calidad de vida también se fundamenta en las personas con cohesión social, ya que posibilita la ausencia de tensiones, las cuales pueden frenar el progreso. Los mecanismos para ser altamente productivo son las capacidades de las infraestructuras junto con la formación, el compromiso y los conocimientos de las personas. En tercer lugar, hay que entender y gozar de las ventajas de la apertura de los mercados y las potencialidades de cada territorio utilizando el recurso de la globalización en cuanto a localización idónea gracias a las facilidades de movilidad y telecontrol.

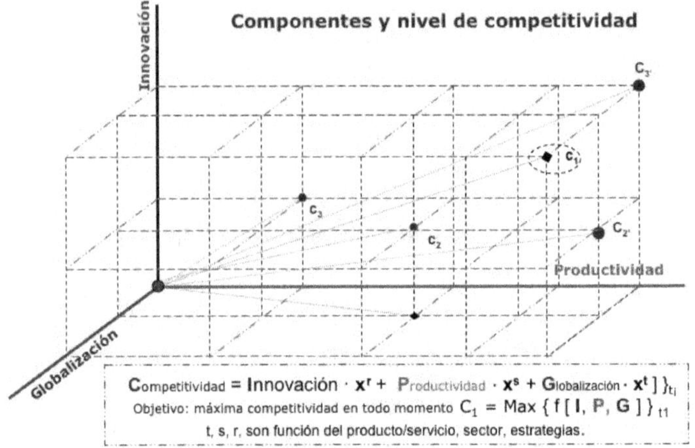

En la Figura 2.2 se observan los tres ejes que determinan la competitividad y las variables que en cada uno de ellos intervienen. Por ejemplo, C_3 y $C_{3'}$ representan puntos de competitividad que no utilizan el recurso de la globalización. El valor de la competitividad cambia por el transcurso de los hechos que se producen a lo largo de la vida de las organizaciones. Consecuentemente, el tiempo sería la cuarta variable, que convertiría el sistema en un modelo dinámico.

El resumen de todo lo que acabamos de explicar sobre qué tener en cuenta para alcanzar la competitividad lo da la siguiente función:

Competitividad = $\{ f$ [Innovación $\cdot \ x^r$ + Productividad $\cdot x^s$ +
Globalización $\cdot \ x^t$]$\}_{ti}$

Así pues el objetivo para un periodo de tiempo t_i es lograr el máximo $\{ f [I, P, G] \}_{ti}$. Los exponentes "r, s, t" determinan el peso de cada uno de los tres componentes y su valor dependerá del producto o servicio producido, del sector en que se encuadra su actividad, de las estrategias, objetivos y tácticas de la empresa, y fundamentalmente de las capacidades, actitudes y recursos materiales e inmateriales que se ponen a disposición de la actividad productiva.

El siguiente ejemplo ilustra cómo se determina el valor de cada elemento: una empresa que fabrica productos de artesanía pondrá un valor bajo a r, el exponente de la innovación. Asimismo, no hay que descartar que incluso una empresa de este tipo pueda innovar, tal vez lo hará poco en el sistema de producción, pero sí podrá hacerlo en la distribución. En cambio, una empresa de material informático, evidentemente tendrá que innovar mucho en sus productos, con lo cual asignará un valor alto al exponente.

En éste línea, y muy sintéticamente, los distintos tipos de organizaciones se pueden clasificar entre aquellas que son capaces de generar productos de alto valor, normalmente asociados al trabajo informacional, los productores de gran volumen, caracterizados por trabajo de bajo coste, los productores de materias primas, caracterizados por disponer de significativas cantidades de recursos naturales, y los productores redundantes o de trabajo devaluado. La búsqueda de la competitividad no debe ignorar estas realidades y fijará sus estrategias, que en la función anterior equivalen a los exponentes "t, s, r" según el tipo de organización que se busque. Solamente ajustándose adecuadamente, localizándose óptimamente y asumiendo la sostenibilidad, el progreso de la empresa es posible.

Es importante comprender que un mismo nivel de competitividad puede alcanzarse de diversas maneras. En la figura 2.3 se observa que todos los puntos a igual distancia del centro de la semiesfera positiva tienen igual índice de competitividad para un determinado periodo. Sin embargo, los componentes que se usan para logarla no son los mismos, lo cual implica que la composición de la competitividad en un determinado periodo puede condicionar la del periodo siguiente, al no disponer de las bases que permiten afrontar los ajustes necesarios en los tiempos requeridos, haciendo las empresas extremadamente sensibles a coyunturas sociales y económicas o a la evolución de la competencia.

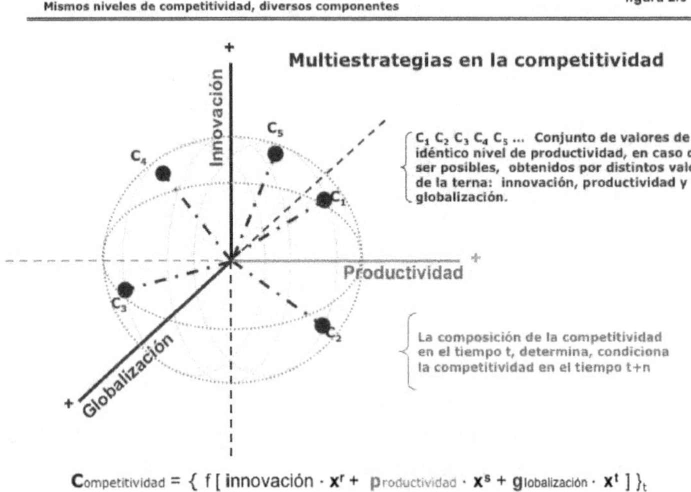

$$\mathbf{C}\text{ompetitividad} = \{\, f\,[\,\mathbf{i}\text{nnovación} \cdot \mathbf{x}^r + \mathbf{p}\text{roductividad} \cdot \mathbf{x}^s + \mathbf{g}\text{lobalización} \cdot \mathbf{x}^t\,]\,\}_t$$

Gestionar la competitividad implica conocer las composición de cada uno de los tres pilares que la sostienen, para ello establecemos los mapas conceptuales de cada uno de ellos para posteriormente, y de acuerdo con el modelo de competitividad elegido, definir los indicadores que permitirán gestionarla de forma eficiente. En los capítulos siguientes, ilustrados con mapas conceptuales, se detallan los puntos clave relativos a la innovación, a la productividad y a la globalización.

3. LA INNOVACIÓN: UN PROCESO CONTINUO Y PERMANENTE

Es ya conocido que aplicar conocimientos es lo que permite conseguir los mejores resultados en toda actividad. Por lo tanto, la clave del éxito de toda organización reside en una política sistemática de I+D+i que garantice el acceso permanente a la invención, lo cual permitirá generación de valor tangible a corto, a medio y a largo plazo. El conocimiento puede ser generado por uno mismo o por terceros y, obviamente, irá acompañado de la capacidad de utilizar con eficiencia y eficacia los útiles tecnológicos y de saber escuchar y analizar los mercados. La innovación debe aplicarse tanto en la forma de organizarse y de producir, como en los productos y servicios con los que la organización centra su actividad de generación de valor.

Un proceso innovador debe estar enfocado en el producto (concepción, diseño, implantación, ejecución y comercialización) para dotarlo de la capacidad de sorprender y atraer al comprador, que se siente especial por el hecho de poseerlo. Igualmente debe tener en cuenta los materiales, las tecnologías, las maquinarias, los equipos y las instalaciones empleadas; y finalmente la organización, lo que comporta introducir ajustes buscando la fidelización, la competitividad, el estímulo de la participación creativa y el compromiso del equipo.

Progresar: generar y aplicar conocimiento

Uno de los retos que ha perseguido desde sus orígenes la humanidad es hacer las cosas mejor y hacer más con menos esfuerzo, en especial en situaciones de riesgo o de penuria. Estas situaciones incrementan el ingenio de las personas. Las soluciones que se hallan, en la mayoría de ocasiones, van asociadas a conocimientos ya existentes que se aplican a la problemática en cuestión, mientras que en otros casos exigen generar nuevos conocimientos que abran nuevas posibilidades y otorguen superioridad y ventaja competitiva (hacer más con menos) a quien los obtiene.

Generar conocimiento (investigar) y aplicarlo para conseguir mejores resultados de la actividad desarrollada (innovar) permite el avance de todo colectivo humano en cualquiera de sus actividades. A menudo exige útiles y maquinaria que deben ser concebidas y diseñadas (desarrolladas) con la finalidad que los nuevos conocimientos surgidos de la investigación, o del propio proceso innovador, puedan ser utilizados y aplicados mediante el proceso de innovación.

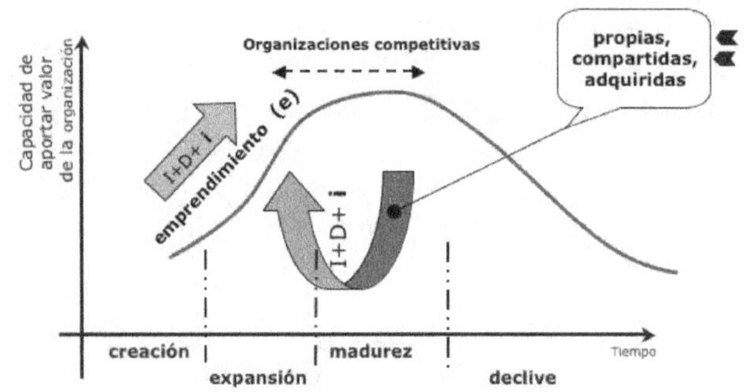

Investigar (I), Desarrollar (D) e Innovar (i), [I+D+i], debidamente complementadas con la capacidad de Emprender (e), se convierten en la clave del progreso y en el freno de la obsolescencia y de la caducidad de las organizaciones (ver figura 3.1). Todas las organizaciones sin excepción siguen un ciclo de vida compuesto por cuatro fases. La primera es de creación y, si se supera, va seguida de una segunda de expansión, usualmente con incrementos notables en cuanto a las capacidades de aportar valor. Después se alcanza una tercera fase de madurez donde se logran los más altos valores de conocimiento, bienestar, capacidad de influencia y de liderazgo. La fase de madurez puede extenderse más o menos en el tiempo, pero en algún momento las organizaciones (exactamente igual que las civilizaciones y los colectivos humanos), inician un proceso de declive que les puede llevar a su desaparición. Este proceso a veces está originado por actitudes internas de la propia organización que la llevan a la relajación en el esfuerzo, a la disminución o renuncia del compromiso, o simplemente a la prepotencia de quien se siente fuerte. Otras veces se debe a actuaciones o presiones externas que pueden venir de otras organizaciones con las que se compite o de factores accidentales inevitables sobre los que no se tiene ninguna capacidad de actuación o respuesta.

El objetivo de toda organización es prolongar indefinidamente el periodo de madurez y evitar el inicio de la fase de declive, la cual una vez iniciada, presenta graves dificultades para poder regresar nuevamente a la fase de madurez. Para ello se requiere un esfuerzo constante en innovación en todos los ámbitos posibles: los modelos organizacionales que utiliza, los productos y servicios que elabora y en las técnicas, métodos y procedimientos que emplea, basándose en los nuevos conocimientos generados y los útiles tecnológicos disponibles.

El flujo de generación de valor

La clave del éxito reside en una política sistemática de I+D+i que garantice un flujo (ver figura 3.2) permanente y constante entre la invención y la generación de valor tangible a corto, a medio y a largo plazo. Como se ve en la figura 3.2, a menudo las nuevas propuestas son rechazadas. Para poder sobreponerse hay que aceptar los fracasos o bien tener paciencia y pensar que el imposible de hoy, mañana será posible.

El flujo que facilita el progreso de las organizaciones mediante una actividad constante de generación de conocimiento y continuidad en su aplicación lo configuran tres bloques o subciclos.

El primer ciclo es el relativo a la investigación a largo plazo, (el ciclo mayor de la figura 3.2, que ocupa toda la mitad derecha) que cubre desde la fase de toma de conciencia, establecimiento de requerimientos y planteamiento de la investigación (1), a la fase de divulgación de resultados (2).

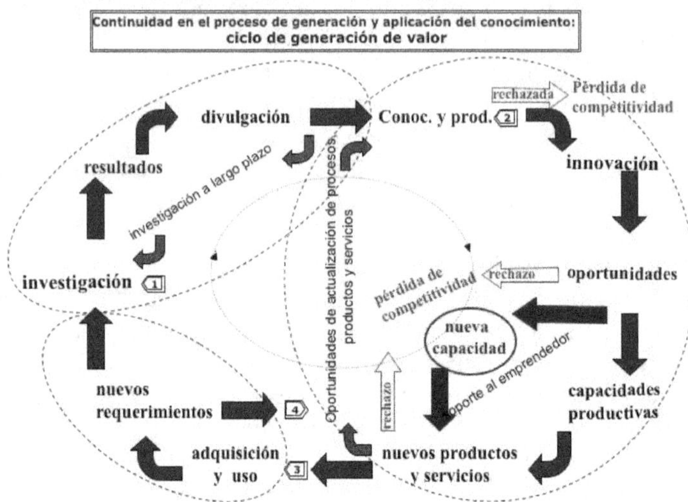

El segundo subciclo, correspondiente a los procesos de aplicación de conocimiento (producción), es el específico de innovación. Se inicia con la recepción de los nuevos conocimientos procedentes de la investigación (2), los resultados de las actividades de aplicación del conocimiento y de la propia innovación (3) y de los requisitos que el uso y reciclaje de los bienes aporta (4).

El tercer subciclo es el relativo al uso y consumo. Se inicia a partir de la adquisición de los productos y servicios (3), finalizando con el análisis de sus usos y problemáticas de reciclaje que establecen nuevos requerimientos a la investigación (1) y al proceso de innovación (4).

Dentro del ciclo de innovación se encontraría también la incorporación de los avances producidos desde los centros científicos, como las universidades. Es importante estar al día de las comunicaciones en congresos y de las publicaciones especializadas que efectúa la comunidad científica. A menudo desde el sector privado no se presta atención a estos conocimientos del mundo académico, lo cual es un error que incluso nos puede causar pérdidas.

Los modelos organizativos de cooperación en red y estructuras híbridas permiten alcanzar una buena gestión de todos los tipos de avances. Además de aplicarse internamente en la empresa, también se tienen que utilizar con otras empresas, orgnizaciones, emprendedores, profesionales, universidades y centros de investigación y de desarrollo, configurando con todos ellos alianzas fundamentadas en objetivos concretos, con tiempos determinados, recursos a emplear definidos y propiedad de los resultados preacordada. Una vía compleja pero factible para aquellas organizaciones que anteponen el progreso y el conocimiento compartido a la inmovilidad y pérdida de competitividad por no aprovechar las ventajas que la I+D+i puede aportar.

Gestionar el desarrollo y la incorporación de los útiles tecnológicos

Los avances en equipos tecnológicos pueden ser desarrollados por la propia organización, de modo que le reporten ventajas diferenciales por la exclusividad. Sin embargo, no hay que descartar las alianzas con terceros con la idea de cooperar para competir.

Gestionar de forma eficiente la incorporación de los útiles tecnológicos suele ser una de las claves para conseguir buenos resultados. Para ello hay que considerar todo un conjunto de conceptos interrelacionados que abarcan aspectos relativos a coste, capacidad innovadora, disponibilidad, confianza o aceptación social (ver figura 3.4). Acertar en la gestión, de acuerdo a las capacidades propias, y situar su uso en el momento adecuado suele aportar las máximas ventajas del proceso de innovación.

Las organizaciones con una fuerte inversión en R+D+i pública y privada son las que consiguen generar los progresos científicos y tecnológicos más avanzados, más significativos. Pueden utilizar con exclusividad sus logros en las fases incipientes, antes de que los competidores alcancen avances similares o iguales, lo cual les otorga ventajas, valor diferencial e innovador (ver curva (1) figura 3.4). La ley de la oferta y la demanda es clara: si hay poca oferta y mucha demanda el precio será alto, mientras que si la situación es la contraria, el precio será bajo.

Es en este periodo inicial, o periodo estratégico, la nueva creación no puede ser adquirida por terceros y, si lo es, estaría reservada a aliados estratégicos y con costes muy elevados (ver curva (3) figura 3.4). Un ejemplo significativo que puede tenerse presente al analizar las curvas es la industria armamentística, enfocada a dar superioridad a los estados con un avanzado e intensivo uso de la tecnología y la ciencia.

A la medida que surge competencia sobre la nueva invención, producto o útil tecnológico, se produce una pérdida de valor diferencial. Su disponibilidad aumenta y el precio disminuye, pasándose del periodo de valor estratégico al periodo de innovación o máxima aportación de valor, ya que es cuando se utiliza de forma intensiva, si bien no generalizada, aportando un claro valor diferencial a aquellas organizaciones que son capaces de adquirirlos e incorporarlos eficientemente en sus procesos. Este valor desciende con rapidez (curva 1; figura 3.4) a medida que la disponibilidad aumenta habitualmente de forma exponencial (curva 2; figura 3.4), decreciendo el precio a pagar para acceder la mismo (curva 3; figura 3.4).

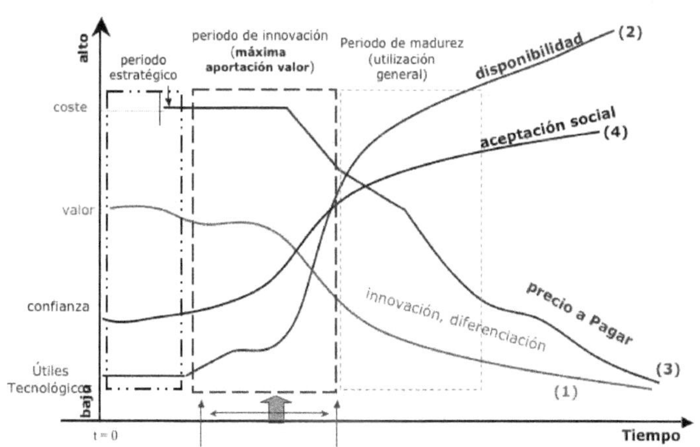

La acelerada disponibilidad de un bien conjuntamente con la disminución de su precio conduce a una amplia aceptación del producto a nivel social (ver curva (4) de la figura 3.4). Una vez lograda la confianza de los consumidores, se inicia el periodo de madurez de la invención. Este periodo se caracteriza por generar bajo nivel de capacidad diferencial, bajo coste de acceso al mismo y una amplia disponibilidad y aceptación social. En este periodo las aportaciones diferenciales respecto a competidores son muy bajas, por lo que las empresas y organizaciones deberían procurar no situarse a un precio alto a menos que sean capaces de completar el producto con un conjunto de servicios que le doten de diferencia y atracción (lo cual situaría al producto en un plano distinto que le permitiría tener un precio más elevado). Un ejemplo de producto muy popular son los refrescos. Dentro de este campo hay muchísima competencia, por lo que los precios no pueden ser elevados. Aún así hay algunas marcas concretas, como Coca-Cola, que generan en el consumidor la ilusión de aportarle algo más que un simple producto, lo cual les permite poner precios más elevados que la competencia.

En definitiva, todas las empresas deben asimilar la innovación como parte irrenunciable del proceso de producción. El reto es acertar los tiempos y los ritmos.

Innovación: un proceso integral

Si tenemos en cuenta todos los factores que acabamos de presentar podremos hacer una empresa innovadora. Hemos visto que la innovación debe ser planteada en su sentido más amplio, entendiendo que el nivel innovador de una empresa es el resultado de una ecuación compleja:

$$\text{Innovación} = \{ f[V_{innovprod} \cdot X^v + V_{Innovproceso} \cdot X^k + V_{Innovorganiz} \cdot X^l]\}_{ti}$$

Los valores de los exponentes "v, k, l" determinan el peso y el esfuerzo que la organización aplica a la innovación en producto, a la innovación en proceso y a la innovación en organización. Estos pesos vienen determinados tanto por las estrategias como por las culturas y capacidades de los equipos humanos que las deben hacer posibles. Determinar los componentes en que se debe fundamentar la innovación de cada empresa, y aplicar un proceso riguroso para lograrlo, es lo que permite alcanzar los valores requeridos y contribuir significativamente a la competitividad de la organización. Para ayudar a la comprensión de los conceptos explicados, pero sobretodo para mostrar mejor cómo se interrelacionan, presentamos una serie de mapas conceptuales y esquemas. Así identificaremos bien los indicadores que permiten medir, comparar con valores de referencia y actuar en consecuencia para lograr los elementos a innovar, las secuencias requerirlas y los logros esperados de acuerdo a los recursos dedicados.

Uno de los factores básicos a tener en cuenta es el tiempo: a lo largo del tiempo los productos pierden capacidad diferencial respecto la competencia.

En los tres ejes de la figura 3.5 vemos que está presente. Las causas radican tanto en la aparición de nuevos productos que incorporan mejores prestaciones o funcionalidades, como en la obsolescencia de los propios. Así mismo, el proceso asociado a la obtención del producto puede perder eficiencia con el transcurso del tiempo debido al envejecimiento de los equipos, de las infraestructuras o del surgimiento de nuevos conocimientos y herramientas que permiten que el proceso se conciba y se ejecute más eficientemente. Finalmente es requerido interiorizar que las personas y los equipos pueden perder también eficacia en su aportación por diversos factores internos o externos a la organización, lo cual requiere actuaciones sistemáticas para evitar esta pérdida de capacitación.

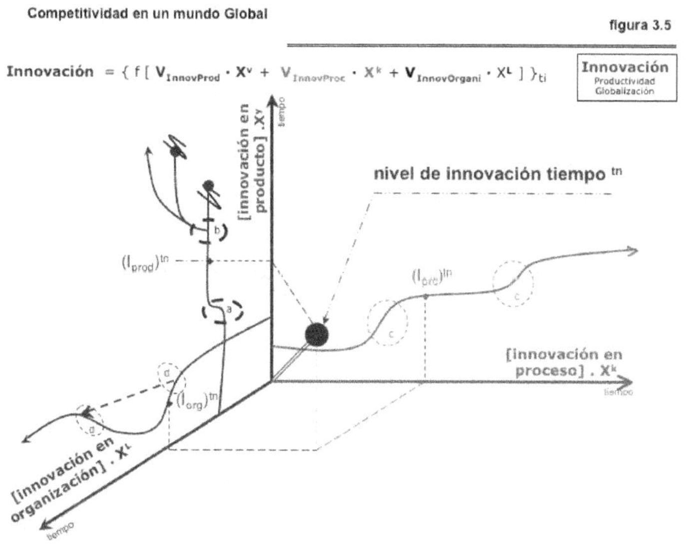

Para corregir los factores que repercuten negativamente en la capacidad innovadora, deberá actuarse simultáneamente sobre los productos, los procesos y los equipos. En cuanto a los productos, la actuación consistirá en la evolución incorporando nuevas características que mejoren el producto y lo vuelvan a posicionar en los mercados (en la figura 3.5 corresponde a la letra "a", que se encuentra en el eje vertical, el de ordenadas). También se puede proceder a la creación de nuevos productos a partir de la evolución de uno ya existente que posibilite incrementar su valor, su aportación de margen, o el incremento de la penetración en los mercados (correspondería a la "b" de la figura 3.5). Un excelente ejemplo de la evolución de un mismo producto a lo largo del tiempo, ajustándolo a los nuevos requisitos y avances, se encuentra en el sector del automóvil y en las profundas transformaciones aplicadas a un mismo modelo de vehículo. Se mejoran sus prestaciones y equipamientos, pero, conservando el nombre del modelo, sus características básicas aprovechan las ventajas derivadas de su aceptación por parte del mercado y de las dificultades y costes asociados al lanzamiento de uno nuevo.

Con respeto a la innovación en proceso, debe efectuarse un seguimiento considerando y aceptando las pequeñas oscilaciones de rendimiento por la complejidad de factores que concurren, pero sabiendo que es preciso actuar de forma preventiva incorporando los ajustes requeridos para lograr aquellos gradientes de innovación que permitan al proceso su no pérdida de peso en la composición de la competitividad (en la figura 3.5 corresponde a la "c").

Finalmente, especial atención debe prestarse a las innovaciones en organización por su componente humano. Las innovaciones en este campo no son excesivamente complejas en fases de crecimiento de la empresa o de expansión del negocio (circunstancia radicalmente diferente a los ajustes requeridos o cambios significativos en el modelo en periodos que requieren, o posibilitan, ajustes que comportan una reducción de los colaboradores propios). Sea cual sea la situación en que nos encontremos, hay que entender que los cambios de organización son siempre requeridos para evitar pérdidas de capacidad innovadora (actuación "d" en la figura 3.5). Estas situaciones requieren ser tuteladas desde el momento en que se detecta una potencial pérdida de aportación, instante en que debe iniciarse la actuación, hasta que el riesgo potencial se haya eliminado y dotado de mayor capacidad y eficacia a la misma.

Todos estos aspectos que caracterizan la innovación los vamos a desmenuzar en los apartados siguientes. Veremos que en más de un caso se pueden subdividir en otras características básicas.

Componentes que caracterizan la innovación: mapas conceptuales

Innovación en producto: *[f (tecnología, ciencia, diseño)]*

Un producto es innovador en la medida que tiene capacidad de sorprender y atraer al comprador aportándole valor diferencial en su uso o posesión. Los orígenes de la innovación son diversos e incorporan aspectos claramente objetivables, consecuencia de las características técnicas, ergonómicas y funcionales, a la vez que juegan con otros elementos subjetivos, que tienen su origen en estados emocionales, tendencias sociales, señales o valores que trasmiten. En definitiva, es un conjunto de elementos que confluyen en el instante que el comprador ejerce su opción y que, buscando el equilibrio entre coste pagado y valor percibido, decide su adquisición.

Para conseguir estos productos atractivos hay que trabajar sobre las bases que permiten lograrlos: la tecnología que incorporan, los conocimientos científicos que usan y el diseño que, facilitando su uso, les otorga la seducción y belleza requeridas (ver figura 3.6). Así pues, la capacidad de innovación de un producto, en un determinado periodo de tiempo, vendrá fijado por el valor de un vector caracterizado por la terna tecnología, ciencia y diseño. Un hecho a destacar es el grado de mantenimiento o pérdida de valor de cada uno de estos tres componentes, de tal manera que el valor innovador y diferencial del producto está íntimamente ligado a la obsolescencia o caducidad. Por lo tanto, hay que ajustar el nivel de cada uno de ellos en función del tiempo que desea producirse, a la vida útil que se le quiera dotar y del segmento al que se dirige.

La evolución de la capacidad de aportación de valor de una determinada tecnología sigue la curva escalonada indicada en la figura 3.6. Los periodos entre escalones se suelen medir en meses, especialmente en el diseño que tiene un alto índice de obsolescencia. En cuanto al valor del conocimiento científico, donde los tiempos se miden en años, presenta una evolución en la que el valor crece en la medida que se divulga y usa, hasta que empieza una sistemática y lenta pérdida a raíz de los nuevos descubrimientos, aunque se mantiene, sin embargo, un importante valor residual.

La máxima aportación innovadora y contribución a la competitividad empresarial se consigue diseñando y elaborando productos y servicios que utilicen los máximos valores de sus componentes. Es decir, hay que hacer productos que se muevan en el interior del óvalo (figura 3.6), delimitado por los máximos valores de los tres componentes. Lógicamente, los productos que combinan los tres elementos y disponen de estrategias de revisión, adecuación y de retiro de mercado, en base a la evolución de sus tres componentes, -tecnología, ciencia y diseño-, son los más complejos y los que establecen barreras más altas frente a la competencia. Ahora bien, esto no excluye que se puedan obtener altas cotas de competitividad en base a la innovación usando solamente uno o dos de los tres componentes.

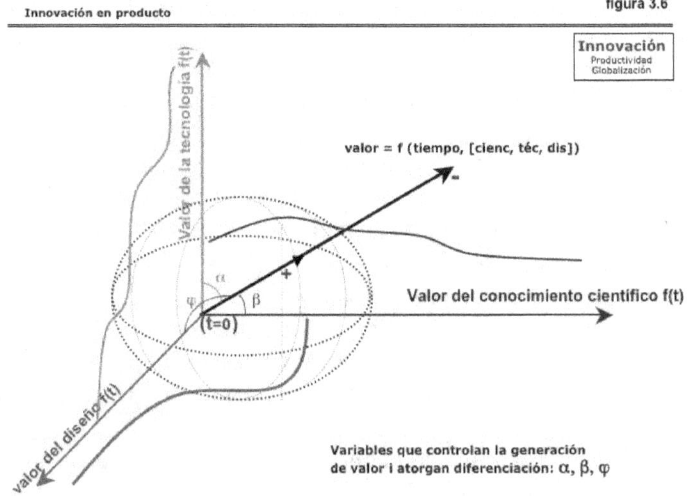

En definitiva, la elección del vector de innovación adecuado a cada estrategia empresarial es clave y viene condicionado por las propias exigencias del sector de actividad y las dinámicas de los mercados. No debe olvidarse que un exceso de innovación en un producto no sólo puede dificultar la penetración y aceptación del mismo, sino que puede aportar a la vez valores negativos de competitividad.

La innovación en producto exige una tarea constante de investigación y desarrollo. Para el desarrollo se tienen que contemplar los criterios de reutilización y gestionar el conocimiento que el propio trabajo aporta. No se puede ignorar que el producto que se diseña es un 'elemento vivo' que debe evolucionar y adaptarse a los entornos cambiantes y a las exigencias particulares de cada usuario, igual que debe ser capaz de integrar los avances producidos y los relativos a la rápida subsanación de las incidencias detectadas.

Innovación en proceso: *[f (metodología; automatización; conocimiento)]*

El proceso es el conjunto de actividades que, desarrolladas en serie o de forma simultánea, permiten obtener un producto o servicio de acuerdo a unos diseños, especificaciones y unos requisitos de calidad y coste. En él convergen las materias y conocimientos que una vez tratadas configuran el producto final o servicio prestado, incorporando a la vez los equipos y herramientas que permiten su ejecución con eficiencia, los conocimientos que posibilitan su óptimo funcionamiento y adecuación, y los recursos humanos que complementan, operan o controlan el conjunto.

La fabricación de un producto, o la prestación de un servicio, puede ser concebido o implementado como un proceso unitario, o configurado por un subconjunto de procesos consecutivos, que pueden admitir simultaneidad o paralelismo. En él circulan los productos en proceso, las órdenes y la información e intervienen proveedores, actividades, equipos, máquinas y recursos humanos.

A título ilustrativo en la figura 3.7 adjunta se ha representado un proceso que se ha implementado en tres subprocesos ubicados en 3 localizaciones distintas. El primer subproceso consta de 3 actividades de las cuales la actividad intermedia se ha duplicado con la finalidad de optimizar el tiempo del subproceso. En cuanto al segundo subproceso de fabricación, consta también de tres actividades. La primera y la tercera se hacen en la propia empresa en la localización 1, mientras que la segunda actividad se efectúa en una localización distinta y por un proveedor externo. El tercer subproceso consta de una sola actividad desarrollada en una tercera localización. Los tres procesos, con independencia de la ubicación, son diseñados, supervisados, gestionados y controlados con unidad de criterio y por los mismos responsables, al igual que la gestión de los proveedores y la elección de estos se efectúa de acuerdo a sus capacidades y aportaciones, pudiendo intervenir a lo largo del proceso con independencia de su ubicación. Para alcanzar la máxima eficacia, un proceso de ese tipo requiere que fluyan de forma armónica las directrices, informaciones y productos en elaboración.

Tal como es conocido, la mayoría de procesos pueden tener actividades internas y externas, sin embargo las ventajas más significativas se obtienen cuando se puede operar con subprocesos y situar cada uno de ellos en las localizaciones óptimas, usando las ventajas del emplazamiento, no solamente de las posibles en los territorios cercanos, sino en aquellos lugares óptimos derivados de la globalización.

En la tarea de ubicación de los procesos o subprocesos en los mejores emplazamientos deben considerarse las capacidades productivas existentes en los territorios escogidos, ya que la opción de externalizar el proceso en su totalidad, o algunas partes del mismo, es una opción que, en muchos casos, aporta ventajas significativas sin que esto afecte a la calidad o las características del producto. En esta línea no debe omitirse la oportunidad de determinar la ubicación en función de las capacidades productivas existentes sujetas a ser contratadas, igual que las derivadas de menores costes o de proximidad a los mercados.

Innovar en proceso, en el contexto definido derivado de las oportunidades de la economía globalizada, comporta actuar sobre el mismo, tanto a nivel de su concepción, diseño, implantación, ejecución y comercialización, como sobre los materiales, tecnologías, maquinarias, equipos e instalaciones empleadas.

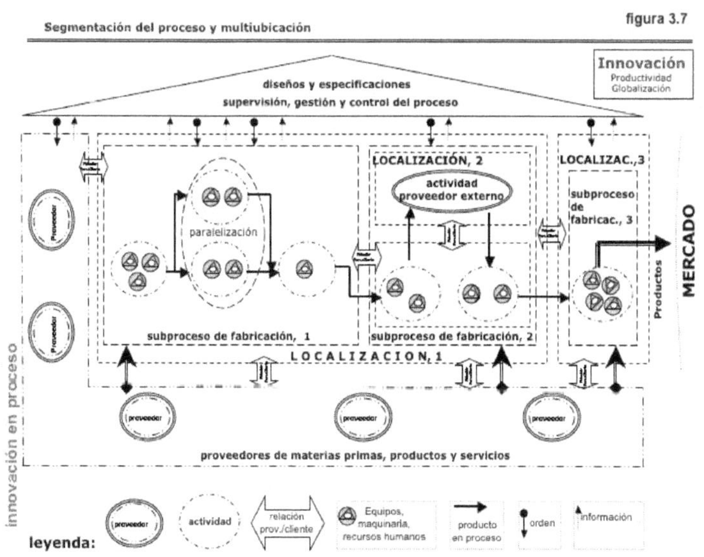

La innovación en proceso implicará actuar sobre: la metodología utilizada que determina el grado de adaptabilidad, el grado de automatización, función de la tecnología en que se fundamenta el proceso, y el origen de los conocimientos utilizados (ver figura 3.8). Escoger el nivel de eficiencia óptima, de acuerdo a las capacidades de toda organización, implica situarse correctamente en los niveles adecuados de cada uno de los tres componentes.

El nivel de eficiencia debe contemplar la variable tiempo, ya que el fluir del mismo comporta que cada uno de los tres componentes, metodología/adaptabilidad, automatización/ tecnología y conocimientos propios- no dependencia, esté sometido a pérdidas por el envejecimiento o la obsolescencia. En la figura 3.8 se reflejan las curvas de evolución asociados a cada uno de ellos, así como los instantes en el tiempo en los que es requerido efectuar intervenciones explícitas de corrección o rediseño con la finalidad de mantener o mejorar la eficiencia del mismo. La determinación de cada una de las actuaciones, así como en qué deben basarse, y los indicadores asociados que permitirán seguir y gestionar el proceso, implica la comprensión de los elementos que caracterizan la metodología utilizada, el grado de automatización y el origen de los conocimientos utilizados en los desarrollos propios, temas que desarrollaremos a continuación.

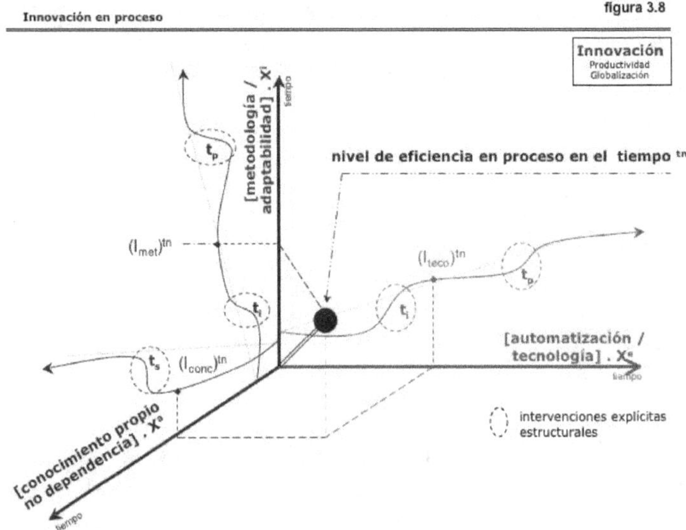

Innovación en proceso: metodología/adaptabilidad

El primero de los ejes delimitadores del conjunto de elementos hace referencia a la metodología empleada tanto en la concepción como en la implantación y explotación del producto. Las organizaciones conocen bien hasta qué punto una buena concepción del proceso determina su nivel de adaptabilidad. Ello exige el uso de la metodología adecuada que garantice el análisis exhaustivo de las alternativas y la evaluación de su rendimiento, al igual que la simulación de su compartimiento y grado de adaptabilidad. El fin es poder actuar sobre dicha adaptabilidad, bajo los diversos supuestos a que puedan ser sometidos el proceso y sus componentes a lo largo de su vida.

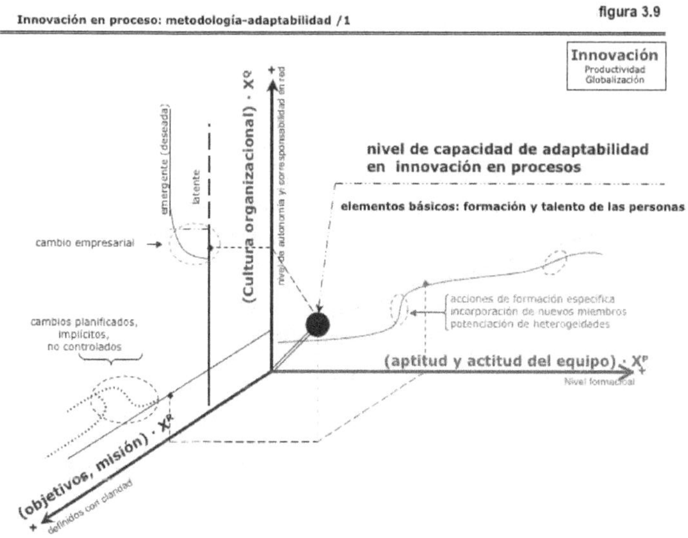

La organización debe tener claramente definidos, explicitados, divulgados y conocidos sus objetivos y misión, igual que los principios y códigos éticos que rigen las actuaciones asociadas al logro de los objetivos. Este binomio objetivos/misión es lo que permitirá forjar la cultura de las empresas en un contexto de requerida sostenibilidad y compromiso. La empresa necesita una cultura organizativa fundamentada en el rigor, la observación, el análisis de los avances internos y externos, la capacidad de colaborar en equipos heterogéneos plurales, el compromiso con la organización, con los clientes, proveedores y consigo mismo, en la calidad y la aceptación del cambio continuo. Esta cultura exige personas formadas y con una actitud de mejora personal que no se acomoda y que persigue la mejora. En definitiva, la capacidad de innovación en procesos queda delimitada a 3 aspectos o subconceptos, (ver figura 3.9), los cuales recogen la cultura de la organización, la actitud y aptitud del equipo, y los objetivos y misión de la organización.

Estos tres conceptos tienen dinámicas propias, las cuales requieren ser gestionadas para posibilitar que cada uno de los elementos que forman la figura 3.9 esté en condiciones de afrontar su aportación. La cultura de la organización se fundamenta en los valores, objetivos y la misión establecidos. No es ajeno a los valores que caracterizan el entorno socioeconómico donde la organización se constituye y desarrolla su actividad, de acuerdo a las prioridades y motivaciones del propio equipo. Sin embargo, en ningún caso la cultura de la organización puede mantenerse ajena a los cambios que ocurren en su entorno, ni tampoco debe ignorar los aspectos culturales específicos de los diversos territorios donde se ubica o con los cuales interactúa. Sin olvidar sus principios fundamentales, debe interiorizar lo mejor de cada cultura y ajustarse a los nuevos paradigmas y realidades que caracterizan la economía del conocimiento, facilitando de esta manera la evolución de su cultura organizacional de acuerdo a las exigencias de la sociedad, los mercados y los desafíos globales. Esta evolución exige cambios planificados y sistemáticos, que deben ser abordados desde la dirección de la compañía, sabiendo que sus actuaciones facilitarán que surja una nueva cultura, o cultura emergente, que debe impregnar a toda la organización, haciéndola más participativa y dispuesta a los ajustes permanentes, al cambio y a los nuevos modelos de producción y de liderazgo. La cultura emergente deberá hacer frente a la cultura latente, que frena, consciente o inconscientemente, el cambio, es decir, que impide la innovación.

El segundo factor que condiciona el desarrollo del trabajo son las actitudes y aptitudes de las personas. Las actitudes de las personas que configuran los equipos vienen de sus vivencias y procesos formativos en edades tempranas (lo que conforma el carácter). Deben ser consideradas en todos los procesos de selección de la organización, ya que cuanto más próximas sean las actitudes individuales con las del equipo, mayores sinergias se van a producir, consiguiéndose un efecto que conduce a incrementar la satisfacción individual y del grupo. Lógicamente se tendrá presente que los óptimos entornos laborales pueden potenciar las actitudes de colaboración, esfuerzo, compromiso y lealtad con el equipo con independencia de los recelos o predisposiciones iniciales. La organización deberá esforzarse para disponer de mecanismos para potenciar las actitudes positivas alejando aquellas que minan las posibilidades de progreso. Los esfuerzos en mejorar las actitudes deben ir acompañadas de acciones periódicas y sistemáticas encaminadas a garantizar la permanente competencia, aptitud de cada uno de los miembros.

La formación continuada permite que los conocimientos de las personas no queden obsoletos y, por lo tanto, que se potencien y evolucionen. De la formación, pues, dependen las aptitudes. Las aptitudes de los miembros de los equipos de trabajadores tendrán que ser heterogéneas para poder abarcar un amplio abanico de conocimientos, mientras que las actitudes tendrán que congeniar. Las aptitudes heterogéneas darán un enfoque poliédrico de los hechos, de tal modo que se alcanzarán los mejores resultados. En un enfoque plural, que no debe ser disperso sino centrado en la resolución o prevención de problemas los métodos y herramientas son fundamentales para catalogar y compartir el conocimiento, y a la vez gestionarlo adecuadamente. El objetivo debe ser el progreso continuado mediante procesos que aporten nuevos conocimientos y facilitar que estos sean aplicados en el trabajo diario para que sigan incrementándose.

Conseguir que las organizaciones estén configuradas por personas capaces de afrontar y sacar adelante sus desafíos frente a las situaciones emergentes o problemáticas coyunturales es la piedra angular. Las aptitudes a que nos hemos referido se pueden dividir entre conocimientos instrumentales y conocimientos abstractos, que tienen que ir a la par con las actitudes (Ver figura 3.10). Los conocimientos instrumentales crecen en el tiempo, a raíz de su uso continuado, hasta que se saturan y por más que se incremente su uso el grado de conocimiento no evoluciona. Los conocimientos abstractos son los que permiten dotar a las personas de la capacidad de comprender los avances científico-técnicos y generar otros nuevos. El incremento de ese tipo de conocimiento exige actuaciones de formación específicamente enfocadas a la comprensión y asimilación de nuevos conceptos.

La antigua economía industrial, caracterizada por los lentos ritmos de inclusión de nuevos conocimientos y la escasa obsolescencia de los mismos, exigía fundamentalmente personas capacitadas. Sin embargo, la actual economía global se caracteriza por el elevado ritmo de generación de conocimientos y su rápida inclusión en los proceso y productos, lo que acelera la obsolescencia de los conocimientos, obliga al reciclaje permanente de los profesionales y a la adquisición de nuevos conocimientos abstractos e instrumentales con la finalidad de dotarse de las capacidades para la no exclusión del mercado laboral. Así pues, se requieren personas competitivas permanentemente.

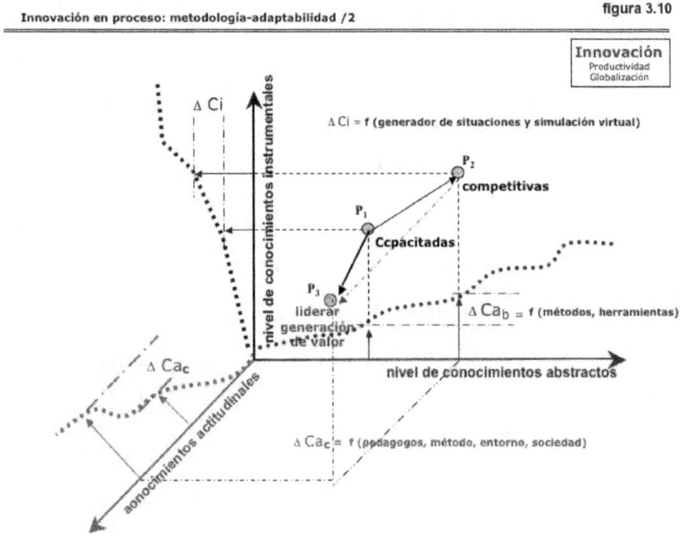

Pero en la actualidad disponer de personas competitivas ya no es suficiente, la complejidad del entorno global exige colaboradores que entiendan las situaciones diversas de una sociedad global en construcción, con mestizajes de culturas y valores, y con ingentes retos que exigen actitudes de compromiso y cooperación. Por ello son requeridas personas capaces de liderar la generación de valor, que son aquellas con actitudes positivas de tal forma que, combinando los niveles adecuados de conocimientos instrumentales y de conocimientos abstractos, sean las que aporten los dotes para liderar los cambios requeridos, y el proceso de generación de valor asumiendo a la vez los retos de poner la innovación al servicio de la competitividad.

Innovación en proceso: automatización/tecnología

El primer elemento que caracteriza la innovación en proceso hace referencia a la metodología utilizada. Ésta rige la adaptabilidad de las personas. El segundo elemento, que delimita el espacio re ferencial o entorno conceptual en la innovación en proceso, es el nivel de automatización de los procesos y su adecuación tecnológica (ver figura 3.8). Sin duda, es uno de los elementos más estudiados y tratados desde que la tecnología se convirtió en el elemento clave para incrementar la productividad en los procesos de los entornos manufactureros.

Innovación en proceso: automatización-tecnología /1

figura 3.11

Networked Readiness Index Variation 2006-2007			
Countries	Ranking 2006-07	Ranking 2005-06	Evolution 2005- 2006
Denmark	1	3	+2
Sweden	2	8	+6
Singapore	3	2	-1
Finland	4	5	+1
Switzerland	5	9	+4
Netherlands	6	12	+6
United States	7	1	-6
Iceland	8	4	-4
United Kingdom	9	10	+1
Norway	10	13	+3

Global Competitiveness Index 2006 and 2005 comparisons			
Country/Economy	2006 Rank	2005 Rank	Changes 2005-2006
Switzerland	1	4	3
Finland	2	2	0
Sweden	3	7	4
Denmark	4	3	-1
Singapore	5	5	0
United States	6	1	-5
Japan	7	10	3
Germany	8	6	-2
Netherlands	9	11	2
United Kingdom	10	9	-1

Countries
Denmark
Sweden
Singapore
Finland
Switzerland
Netherlands
United States
United Kingdom

La incorporación de tecnología tiene efectos directos sobre la competitividad. Este hecho es irrefutable y está demostrado que se produce con independencia del entorno en el cual la automatización se introduce. Muchas son las experiencias, el nivel de penetración de este recurso y los estudios que lo evidencian. Sirva como ejemplo la correlación que puede establecerse entre el informe anual The Global Information Technology Report,[10] publicado por el World Economic Forum, y el informe, también anual, Global Competitiveness Index;[11] comparan los 10 primeros

[10] The Global Information Technology Report compara 122 países a partir de diversos criterios. Entre otros, considera la penetración y uso de Internet, el sistema educativo, la disponibilidad de capital de empresa, etc., con la finalidad de determinar para cada país el grado de utilización eficiente y eficaz del potencial de las TIC, entendiendo su fuerte impacto sobre la competitividad y asumiendo que cuando no se está extrayendo todo el potencial, la competitividad debe ser alcanzada a través de otros componentes insostenibles a medio y largo plazo.

The Global Information Technology Report			
País	**Ranking 2009-2010**	**Ranking 2008-2009**	**Variación**
Suecia	1	2	+1
Singapur	2	4	+2
Dinamarca	3	1	-2
Suiza	4	5	+1
Estados Unidos	5	3	-2
Finlandia	6	6	=
Canadá	7	10	+3
Hong Kong SAR	8	12	+4
Holanda	9	9	=
Noruega	10	8	-2

[11] El Global Competitiveness Index, elaborado por World Economic Forum, evalúa los países con la finalidad de establecer el ranking de los más competitivitos de acuerdo a los parámetros que caracterizan la encomía globalizada y fuertemente tecnificada de la actualidad.

The Global Competitiveness Index			
País	**Ranking 2010 - 2011**	**Ranking 2009 - 2010**	**Variación**
Switzerland	1	1	=
Sweden	2	4	+2
Singapore	3	3	=
United States	4	2	-2
Germany	5	7	+2
Japan	6	8	+2
Finland	7	6	-1
Netherlands	8	10	+2
Denmark	9	5	-4
Canada	10	9	-1

países más innovadores y eficientes en el uso de las potencialidades tecnológicas. Se observa que, de ellos, 8 forman parte del grupo de los 10 países más competitivos. Los otros, Islandia y Noruega ocupan las posiciones 14 y 12 respectivamente (ver figura 3.11).

Sin embargo, en muchos casos la inclusión de tecnología en los procesos no va acompañada de las mejoras esperadas en cuanto a innovación y eficiencia. La comparación entre los niveles macroeconómicos de un país y la posición que ocupan en cuanto a capacidad innovadora en tecnología o en competitividad lo certifican. Este hecho indica que, o bien las organizaciones no incorporan la tecnología adecuada ni extraen su capacidad innovadora, o bien la usan eficientemente. Las causas residen en un doble problema. El primero es una cierta incapacidad latente para acertar en la toma de decisiones relativas al tipo de tecnología a incorporar en cada puesto y en cada momento. El objetivo es incorporarla en el momento adecuado, garantizando así su aportación de valor diferencial -en la línea explicada al inicio del capítulo (ver figura 3.4)- consecuentemente la gestión de los útiles tecnológicos en cuanto a coste, disponibilidad y valor será el primer elemento a considerar en cuando a automatización/tecnología. El segundo problema hace referencia a cómo extraerle el máximo de su capacidad innovadora al útil tecnológico incorporado. Muy a menudo hay una brecha entre el potencial de la nueva infraestructura y la capacidad de uso por parte de las personas que tienen que trabajar con ella.

Las infraestructuras tecnológicas tienen una evolución de su capacidad de aportación de valor como la que se indica en la figura 3.12. Mantenerse en el mismo nivel implica una disminución ya que el proceso científico-técnico pone a disposición nuevos útiles que aportan más valor. La disminución de su capacidad no está originada por su envejecimiento, sino por el surgimiento de nuevos útiles, maquinarias o tecnologías que aceleran su grado de obsolescencia y pérdida de capacidad. En este contexto, la sustitución de la infraestructura por una nueva debe fijarse en el instante en que alcanza un nivel a partir del cual la infraestructura resta capacidad competitiva (nivel N_{in} que fija su vida competitiva en T_{in} , (N_{in}, T_{in}) en la figura 3.12). Por consiguiente, los procesos de amortización y repercusión de costes deben fijarse con este criterio en contraposición a los criterios de vida útil en base a las amortizaciones legalmente establecidas.

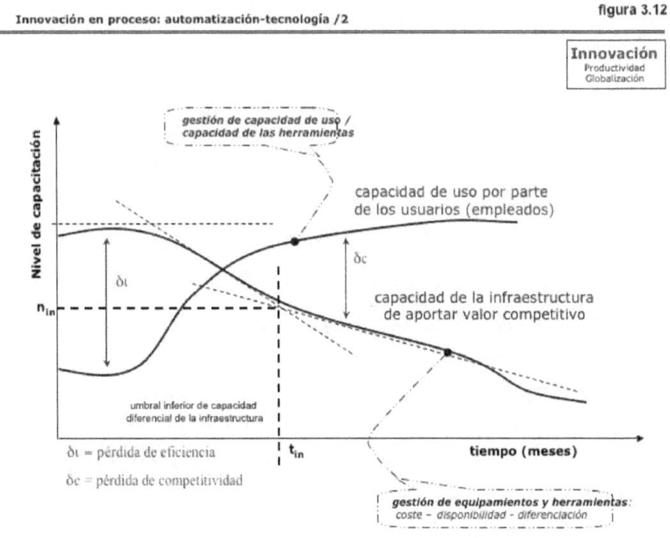

En contraposición a la curva decreciente de la figura 3.12, que representa la aportación de valor de la infraestructura, la capacidad de los usuarios para extraerle sus capacidades sigue una curva creciente a lo largo del tiempo en que se usa. La pérdida de capacidad diferencial y el incremento de la capacidad de extraerle valor suelen no ser convergentes en instantes del tiempo, ya que cuando se domina completamente la herramienta, ésta ya no es diferencial a nivel de mercado, lo cual origina pérdidas de eficiencia por el desajuste existente entre la capacidad de uso por parte de los usuarios (empleados) y la capacidad de la infraestructura de aportar valor competitivo. Esto suele ir seguido de pérdidas de competitividad cuando se usa la infraestructura más allá de los plazos en que el valor es notorio. Consecuentemente, el objetivo debe ser la gestión simbiótica de la capacidad de uso por parte de los usuarios y la capacidad de la infraestructura de aportar valor competitivo.

Innovación en proceso: conocimiento propio/ conocimiento externo (no dependencia)

El tercer concepto que encuadra, a nivel conceptual, la innovación en proceso (que hemos visto en la figura 3.8) es el "Conocimiento propio/Conocimiento externo" el cual determina el nivel de diferenciación aportada por los conocimientos y desarrollos usados, y a la vez el grado de dependencia. Para determinar el grado en que una organización está sujeta a la tecnología o a las capacidades externas deben considerarse tres elementos: el primero es la incorporación de tecnologías y saberes estándares, el segundo es la disponibilidad de desarrollos internos de tecnología y saberes propios y el tercero es la capacidad de efectuar desarrollos externos en función de requisitos propios (ver figura 3.13).

El primer elemento mide la capacidad de incorporar a un proceso herramientas o equipos que son de uso generalizado y que fueron desarrollados con criterios de universalidad, es decir, es la incorporación de tecnología estándar. La aportación de valor de este tipo de tecnología suele hacerse en procesos en los cuales la diferenciación no es clave y que representan sensibles mejoras y menos costes. El uso de estas tecnologías exige extraer innovación de las propias tecnologías mediante sus aplicaciones y procedimientos asociados a los mismos. Muchos son los ejemplos en que el uso de esas tecnologías estándares es la vía más acertada. Se pueden citar la incorporación de los equipamientos informáticos básicos, las herramientas de soporte a los procesos de administración y comunicación, a los mecanismos de control, etc. El aspecto a considerar o gestionar, adicionalmente a sacarle el máximo de su capacidad, reside en las características del proveedor o fabricante y en la capacidad del mismo en evolucionar el útil o herramienta tecnológica a los ritmos que los avances posibilitan.

Al mismo tiempo, deberá vigilarse el grado de apertura y compatibilidad con otros útiles tecnológicos que se deseen o se requiera incorporar. La no posibilidad de interrelación y compatibilidad con cualquier nuevo útil, con independencia del origen o fabricante, comportaría grados de cautividad o dependencia que podrían ocasionar pérdidas importantes en innovación potencial al no garantizar que la totalidad de los avances disponibles en un mercado abierto pudiesen ser incorporados y usados. La complejidad de la herramienta, la facilidad de intercomunicación con las herramientas de otros proveedores y las garantías de evolución son aspectos que rigen el nivel de independencia o diferenciación que aporta la herramienta o útil tecnológico y que fijan su capacidad innovadora conjuntamente con los otros dos elementos que caracterizan el conocimiento propio/ conocimiento externo en la innovación en proceso.

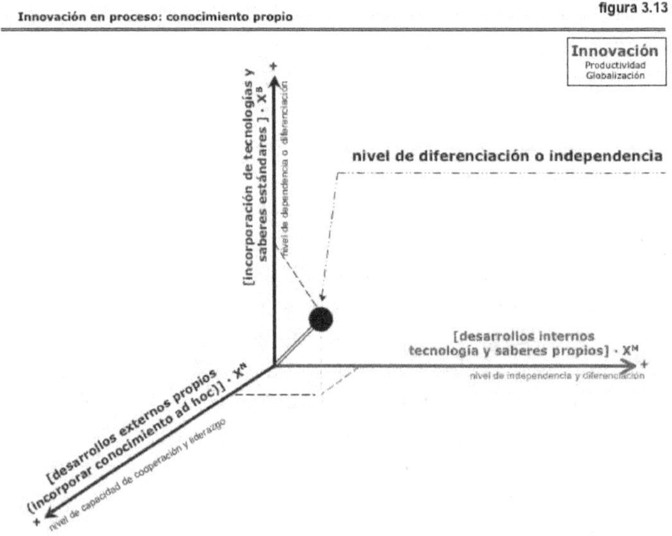

El segundo elemento de la innovación en proceso corresponde al uso y disponibilidad de desarrollos internos. La finalidad de los mismos es aportar ventajas de diferenciación sustancial a las herramientas existentes a nivel estándar con el propósito de alcanzar mayores cotas de eficiencia y eficacia. Consecuentemente las especificaciones con las que deben ser concebidos y desarrollados incorporan especificidades propias, que les dan un alto grado de innovación. Obviamente, el grado de dependencia externa debe tender a cero, si bien debe considerarse el grado de dependencia interna respecto a ciertas partes de la organización, usualmente los departamentos técnicos que los desarrollaron y mantienen. Se deberá cuidar que no se conviertan en los puntos débiles que dificulten la evolución de la herramienta o su sustitución llegado el caso. Habrá que tener cuidado en minimizar el riesgo de la excesiva dependencia interna, pero sin dotarse de elementos redundantes ni sobredimensionar los recursos. En este caso su aportación innovadora podría repercutir negativamente sobre la competitividad del proceso. Más bien el uso de tecnología propia obliga a identificar soluciones híbridas que permiten desarrollos internos, pero que estén suficientemente abiertos para compatibilizar su conexión con herramientas estándares.

La tercera forma de disponer de tecnologías propias, desarrolladas específicamente para la organización por terceros, son los desarrollos externos propios, que son unos recursos que no están al abasto de todos. Su uso exige a menudo unas capacitaciones especiales y fundamentalmente obliga a tres aspectos: el primero, a definir con precisión de forma inequívoca las especificaciones funcionales, los requisitos tecnológicos y los procedimientos de usos y evolución; en segundo lugar, obliga a identificar los equipos capaces de efectuar su desarrollo en los tiempos y costes establecidos y con la calidad determinada, de modo que hay que disponer de personas capaces de hablar tanto el lenguaje de la organización, como el lenguaje del proveedor para que puedan hacerle el seguimiento. En tercer lugar, obliga a garantizar los mecanismos para que el desarrollo externo sea fácil de mantener y evolucionar independientemente de quien lo desarrollarse.

Para la óptima gestión de la posibilidad de desarrollos externo, debe considerarse dónde reside el conocimiento más avanzado para poder utilizarlo ganando anticipadamente diferenciación. Lógicamente este conocimiento reside en las mejores organizaciones de desarrollo, en los centros de investigación y en las universidades.

Sin embargo son conocidas las serias dificultades que existen, en muchos países, para que las empresas y el sistema universitario y el de investigación trabajen conjuntamente para contribuir al desarrollo económico. Las causas son múltiples pero, fundamentalmente, se debe a que no hablan un lenguaje común. La investigación requiere tiempo y constancia, y la empresa unos plazos fijos y un equilibrio entre la rentabilidad a corto y la competitividad a largo plazo. En la empresa falta una cultura científica y en la universidad falta espíritu emprendedor y capacidad de asunción de riesgos. Esta realidad requiere proyectos específicos encaminados a estimular que ambos mundos cooperen y que las empresas incorporen los resultados de la investigación y los conocimientos a sus procesos, para incrementar su capacidad de generación de valor y de excedentes.

En este sentido, dotar a la empresa de personas que efectúen un seguimiento de los trabajos realizados por los diversos equipos universitarios, que pueden aportar conocimiento y tecnología a las peculiaridades de la propia organización, suele aportar la posibilidad de avanzar en este campo, acercándose al mundo científico con proyectos concretos, sin renunciar de antemano a esta posibilidad. Al hacerlo hay que aceptar un diálogo entre dos culturas distintas, pero convencidos que sólo de su encuentro y simbiosis se pueden alcanzar las mayores cotas de progreso e innovación. De este modo las empresas capaces de trabajar con recursos propios, con personal de I+D+i de universidades y, si es requerido, con especialistas en gestión de proyectos, suelen disponer de ventajas de competitividad al usar de forma anticipada (meses o en algunos casos 1 o 2 años) conocimientos aún no disponibles de forma generalizada en el mercado.

En resumen, el nivel de independencia tecnológica, vendrá determinado por el peso que se le dé a cada uno de sus tres componentes: incorporación de tecnología estándar, desarrollos internos y desarrollos externos propios que configuran la ecuación a resolver.

Síntesis de factores que configuran la innovación en proceso

Del análisis del conjunto de componentes y elementos que se han ido detallando anteriormente se concluye que la innovación en proceso es el resultado de intervenir en los aspectos siguientes:

+ **Metodología / Adaptabilidad**
- Cultura organizacional
- Aptitud y actitud del equipo
  · Conocimientos instrumentales
  · Nivel de conocimientos abstractos
  · Conocimientos actitudinales
- Objetivos, misión

+ **Automatización / Tecnología**
- Gestión útiles tecnológicos: coste/ disponibilidad/ diferenciación
- Capacidad de uso por parte de los usuarios
- Capacidad de la infraestructura de aportar valor competitivo

+ **Conocimiento propio - no dependencia**
- Incorporación tecnologías y saberes estándares
- Desarrollos internos tecnología y saberes propios
- Desarrollos externos propios (incorporar conocimiento ad hoc)

Cada uno de estos factores concurre con un peso distinto condicionado por la estrategia y los objetivos establecidos. Por lo tanto, cada empresa podrá calcular su nivel de innovación siempre poniéndolo en relación con sus propios objetivos.

Innovación en organización: *[f (decisiones, centralización, carreras profesionales, accionariado)]*

La innovación, como se ha detallado anteriormente, reside en actuar de forma coordinada sobre el producto, los procesos y la organización. Por lo que respeta a su relación con el proceso, se ha indicado la importancia que tenía la manera en que se organizan los recursos humanos que intervienen en el proceso y las competencias que se les dé. Lógicamente el tipo de trabajo en el que se sustenta la actividad de cada organización para elaborar los servicios y productos en que concreta su actividad, condiciona la estructura de la organización o modelo organizativo, igual que lo condiciona su tamaño, legislaciones, emplazamientos y la composición del propio equipo.

Sin embargo, con independencia de estos factores, o de otros específicos derivados de situaciones coyunturales o de las propias dinámicas de los mercados y procedimientos en los que se articula el proceso productivo, el modelo usado por la organización debe revelar el carácter y los valores culturales en que se sustentan sus objetivos y su misión. Estos valores no pueden estar al margen de las corrientes que dinamizan el cambio social y no pueden ignorar ni la capacitación ni el compromiso de las personas, ni tampoco que el desarrollo y progreso de la empresa deben ser compatibles con el desarrollo y progreso profesional y personal de cada uno de los miembros del equipo que lo componen.

En este sentido, las organizaciones, sus estructuras y sus modelos de gestión y organización deben estar dispuestas a introducir ajustes permanentes de acuerdo a los aspectos específicos de las diversas unidades productivitas. Tienen que buscar la fidelización y la competitividad, estimular la participación creativa para la innovación permanente que mejore la competitividad y también estimular el compromiso del equipo. En este sentido, se debe estar dispuesto a otorgar capacidad de decisión a cada unidad, aceptando el error que viene de la iniciativa, disponiendo de mecanismos para minimizar su impacto, ajustando para ello los mecanismos de asunción y rendición de responsabilidades. También hay que ajustar las políticas retributivas, sabiendo que a mejores logros de la organización, mejores retribuciones, pero sin que eso suponga la pérdida de los umbrales adecuados de la retribución predeterminada de los colaboradores y sabiendo que quien asumió la iniciativa empresarial y el riesgo derivado, es a quien le corresponden plenamente los retornos y rentabilidades de las inversiones.

Ajustar e innovar sobre el modelo de organización, con independencia de estructuras jerárquicas, en nodos o en red, centralizadas o descentralizas, implicará analizar y posicionarse. Para ello tendremos en cuenta los mecanismos en la toma de decisión, los modelos de desarrollo de actividades en cuanto a centralización o multicentro, los mecanismos relativos a las contraprestaciones a los equipos humanos por su aportación que deben considerar el desarrollo profesional y las políticas retributivas, y finalmente los aspectos relacionados a la propiedad de las empresas que concurren con riesgo en el proceso de creación de valor, ya sea por unidad accionarial o por mecanismos de cooperación en red. Actuar para innovar en la cooperación a nivel organizativo comporta moverse en un espacio delimitado por los cuatro componentes, colocándose en el valor óptimo de cada uno de ellos al establecer el modelo que rige y guía el desarrollo de las actividades (ver figura 3.14). La adecuada gestión y elección del peso de cada uno de los componentes determina la flexibilidad de la organización frente a los cambios, lo cual establece el nivel de capacidad innovadora de las mismas.

En cuanto al primer concepto relativo a los mecanismos en la toma de decisiones, deben considerarse aspectos relativos al riesgo, a las capacidades y a los conocimientos requeridos, al compromiso con la organización y al impacto de las decisiones. Esto conlleva que una organización que quiera conducir la competitividad hacia los máximos valores debe poder acercar las decisiones al puesto de trabajo, en el marco de una conocida planificación estratégica y de objetivos claramente definidos. Las decisiones deben tomarse a partir de la observación de sistemas de información en tiempo real al abasto de quien debe tomar las decisiones y reportarlas, mediante criterios de alerta, hacia el resto de la organización, que requiere estar informada haciéndolo no sólo con criterios de jerarquía sino también de responsabilidad o implicaciones colaterales o subsidiarias. La innovación, y la competitividad asociada, que puede aportar un sistema de toma de decisiones en este contexto puede ser muy significativa al aprovechar o subsanar, en tiempo real, las oportunidades o problemáticas surgidas. Se puede considerar como ejemplo de referencia las capacidades y la autonomía en la toma de decisiones de los agentes bursátiles. Un factor determinante para poder innovar en este eje son las personas, la exigencia de personas leales con la organización, con los conocimientos requeridos y las actitudes de asumir compromiso y responsabilidad.

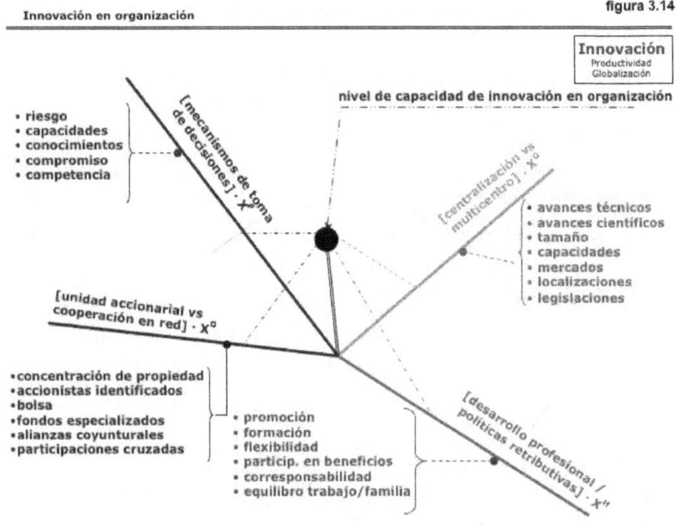

El segundo eje es el relativo a como se desarrollan las actividades, que con independencia del volumen pueden estar concentradas en una sola localización o por el contrario realizarse de diversas localizaciones, se trata del binomio centralización/multicentro, que exige modelos de organización distintos. Una organización centralizada, en la medida que la información y el conocimiento circulan con rapidez gracias a la proximidad y la comunicación entre las personas, no tiene que preocuparse tanto de tener modelos organizativos muy eficientes, ya que la proximidad suele suplir las deficiencias organizativas y los circuitos asociados (si bien es cierto que en situaciones de inestabilidad puede ser contraproducente).

En el caso de tener un multicentro, en cambio, la organización del intercambio de información tendrá que planificarse con detalle, ya que una mala comunicación interna puede ser nefasta.

El tercer eje de la innovación en organización es el relativo a la posibilidad de desarrollo profesional en el seno de la organización y las políticas retributivas asociadas. El compromiso de las personas radica en gran parte en el acierto en ajustar los itinerarios de futuro, consecuentemente involucrar a las personas y facilitar su progreso debe ser una realidad armónica con el progreso de la organización. No puede plantearse que el progreso de las organizaciones no vaya ligado a la construcción del futuro de los equipos humanos. Esto quiere decir desterrar la idea de que facilitar el crecimiento profesional y la potenciación de los miembros pueda generar desafección y el cese de su colaboración porque aceptarán otras ofertas del mercado. Los aspectos relacionados con la promoción profesional, el acceso a la formación instrumental y abstracta que abren nuevos horizontes, la participación de beneficios, el ser escuchados y asumir corresponsabilidad en las decisiones de la organización, facilitar y compatibilizar el compromiso profesional con el desarrollo familiar, son aspectos a considerar en la fijación de las políticas retributivas y el crecimiento profesional. Ser innovador en estos campos, rompiendo los aspectos convencionales, suele aportar mejoras significativas a nivel de competitividad global.

Finalmente, el cuarto eje, relativo a la unidad accionarial o mecanismos de cooperación en red, nos dice que hay que superar el concepto de la propiedad unipersonal que dificulta el crecimiento. Los criterios de crecimiento por compra o fusión pueden ser abordados de múltiples formas sin menospreciar la capacidad de cooperar en red para poder competir globalmente. Debe actuarse sabiendo que la pluralidad puede aportar los recursos que la economía global requiere. Para ello se debe ser capaz de buscar formas de participación y de alianzas que aporten la capacidad de progreso que exige toda organización.

Múltiples son las posibilidades alternativas a la concentración de propiedad o identificación de accionariado: la cotización en bolsa (que es anónima), las alianzas con fondos de inversión o el capital riesgo especializados, y los acuerdos coyunturales o estables con terceros estableciendo mecanismos de participaciones cruzadas. Son algunas de las posibilidades a considerar para lograr que la titularidad sea un factor que potencie la organización en lugar de ser un freno, como suele ser en la mayoría de la iniciativas emergentes o en épocas de potencial expansión. Innovar explorando las múltiples alternativas, seguros de que las alianzas fortalecen, debe ser el camino a seguir para conseguir que la innovación en organización alcance los máximos valores.

En resumen, el nivel de innovación en organización viene determinado por mecanismos de toma de decisión, el uso de un modelo centralizado o multicentro, el desarrollo personal y la composición del accionariado, cuatro conceptos que intervienen con importancia diferente en función de las problemáticas o situaciones específicas.

Son cambiantes con el tiempo, de modo que exigen que la correcta gestión entienda su variabilidad, ya que este es el factor clave para alcanzar el óptimo modelo organizativo.

Síntesis de factores que configuran la innovación

A lo largo del capítulo hemos visto los múltiples aspectos que determinan la innovación de una empresa. Se resumen en el esquema de la figura 3.15. Cada organización debe saber en cuál de los tres ejes le interesará invertir más, aunque lo hará sin olvidarse de los otros dos.

El acierto y el alcance de las mayores cotas de innovación se consigue cuando se actúa sobre cada uno de los conceptos que definen y delimitan conceptualmente a cada uno de los tres ejes, tal como se ha enumerado en los apartados anteriores.

Innovación (17 conceptos a considerar en su gestión)

Innovación
Productividad
Globalización

Producto
- *Tecnología incorporada*
- *Ciencia incluida*
- *Diseño*

Proceso
- *Cultura organizacional*
- *Conocimientos abstractos del personal*
- *Conocimientos instrumentales del personal*
- *Actitudes en el trabajo y en la relación interpersonal*
- *Objetivos y misión de le empresa*
- *Adecuación formación/herramientas: capacidad uso/capacidad herramientas*
- *Gestión equipamiento i herramientas: coste – disponibilidad - diferenciación*
- *Incorporación tecnologías y conocimientos estándares*
- *Desarrollos tecnológicos internos y conocimientos propios*
- *Desarrollos externos ad hoc*

Organización
- *Mecanismos de toma de decisiones*
- *Centralización – multicentro*
- *Unidad accionarial – cooperación en red*
- *Desarrollo profesional y políticas retributivas*

Cada gestión debe priorizar los elementos que configuran cada uno de los diversos componentes en función de las estrategias definidas y los objetivos establecidos, de tal forma que cada uno de ellos intervenga en la ecuación a resolver con un peso distinto. El nivel de innovación global en proceso es el resultado de las acciones que se efectúen sobre cada uno de ellos y en especial aquellos con un peso más determinante en el proceso de innovación a abordar.

4. LA PODUCTIVIDAD COMO ELEMENTO DE COMPETITIVIDAD

La gestión de la productividad en un entorno complejo, como el asociado a la mundialización económica, persigue alcanzar los valores óptimos de la relación entre recursos aplicados y productos obtenidos. Esta gestión comporta tener presentes los aspectos asociados a los elementos estructurales de variación a largo plazo, como son los edificios; los sujetos a variaciones de mercado, como son el coste de las materias primas, los suministros o los recursos humanos; y aquellos otros que pueden afectar indirectamente de forma negativa, como son los asociados a la ubicación, los útiles tecnológicos y la maquinaria. Conseguir valores óptimos de productividad exige actuar sobre tres aspectos básicos: el capital humano, las infraestructuras y el entorno o ecosistema donde se desarrolla la actividad. Para lograrlo se requiere tomar decisiones en base a informaciones veraces y precisas en cuanto a los costes a todos los niveles, sean directos o indirectos. Esto exige disponer de sistemas que garanticen que, conjuntamente a los bienes, se obtengan, procesen, comuniquen y almacenen todas las informaciones que garanticen una gestión que persiga la excelencia productiva y la mejora continuada.

Especial mención requiere el capital humano para conseguir altos niveles de productividad en un marco de excelencia empresarial. Todos los miembros de la organización se tienen que involucrar, ejerciendo las tareas con compromiso, cooperación, dedicación y esfuerzo. Los equipos humanos deberán desarrollar su actividad en un conjunto de infraestructuras que permitan el desarrollo óptimo de las actividades. En cuanto a las infraestructuras deberán considerarse tanto las relativas a las cadenas de producción, los sistemas de procesamiento y transmisión de información, los laboratorios de ensayo y simulación, como las instalaciones que las acogen, que dan confortabilidad a la actividad e incrementan el rendimiento. Finalmente, en cuanto al entorno deberá asumirse que la economía global configura una sociedad interconectada, tanto en intercambio de ideas como de bienes y servicios. Las infraestructuras de movilidad y la logística asociada tienen que ser tratadas como factores estratégicos, lo que implica que las infraestructuras marítimas, aéreas y terrestres, conjuntamente con una potente red telemática, se conviertan en elementos fundamentales para consolidar un territorio como región de excelencia en el proceso de generación de valor cualificado y que facilite la productividad de las empresas.

Productividad vs. rentabilidad

La productividad tradicionalmente se entendía como un valor que mide la cantidad de recursos utilizados para producir una determinada cantidad de productos o servicios de acuerdo a unas especificaciones concretas y a una calidad establecida. Cumple la razón de ser de las organizaciones, que es el logro de los beneficios que rentabilicen las inversiones y posibiliten la permanencia en el mercado, su crecimiento y expansión.

Mejorar la productividad comporta adquirir la capacidad de combinar los factores de producción de la forma más eficaz. Debe entenderse como una evaluación cuantitativa total de la organización. Sin embargo, eso no es suficiente, ya que las organizaciones pueden producir simultáneamente, utilizando los mismos recursos, diversos productos y pueden disponer de diversos entornos de trabajo y localizaciones próximas o remotas para producir el mismo producto. Por consiguiente, un único valor de productividad reflejaría solamente la media de los productos o servicios producidos por unos solos recursos utilizados.

Un entono plural exige que la gestión de la productividad disponga de información para ser analizada desde diversas ópticas y desde los distintos niveles que la condicionan. Se contemplarán tanto los niveles de puesto-producto, como los de producto-localización-organización, considerando a la vez aspectos internos y externos, extrayendo información relativa al rendimiento de los equipos, los procesos, las materias usadas o transformadas, las instalaciones (incorporando los consumos asociados), y los recursos humanos que intervienen en los diversos procesos productivos que se desarrollan en la organización. Al hablar de procesos productivos se debe contemplar la totalidad de los procesos asociados a todas las actividades desarrolladas en los diversos departamentos o unidades de la organización.

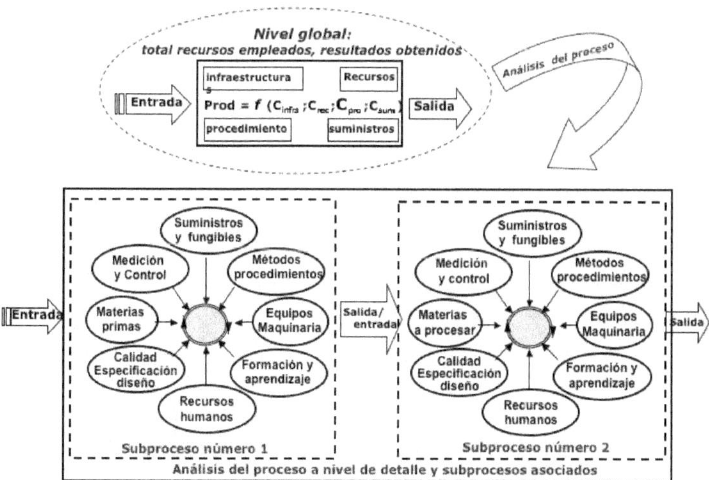

En el análisis de la productividad debe considerarse que el nivel de detalle del estudio de cada proceso no tiene por qué ser idéntico para todos ellos. Sin embargo, adoptar las medidas requeridas para su posible mejora. Con independencia del nivel de detalle de cada proceso deberán identificarse con exactitud las infraetructuras y los recursos utilizados, los suministros empleados y el procedimiento que describe las actuaciones que se efectúan sobre las entradas para obtener las salidas (ver figura 4.1).

En función de la complejidad del proceso, se podrá dividir en subprocesos, los cuales podrán realizarse en secuencia o simultáneamente para conseguir el máximo rendimiento. Para cada uno de los subprocesos deberán considerarse ocho aspectos que los delimitan y que de su análisis y correcta definición depende la eficiencia del mismo. Esos ocho aspectos, hacen referencia a los equipos y la maquinaria utilizada; a la formación requerida por las personas que intervienen en el proceso; a los recursos humanos requeridos; a las especificaciones de calidad y directrices de diseño; a las materias primas que son trasformadas; a los parámetros a medir y controles a efectuar; a los suministros y fungibles empleados; y, finalmente, al método empleado para la ejecución del proceso.

La racionalidad de los criterios de análisis debe identificar los procesos o subprocesos más significativos, con criterio de proporcionalidad al coste total o de significación en la aportación al margen, aunque sea negativa. A su vez para cada uno de ellos también deberá considerarse el impacto global para determinar el alcance del análisis y detalle del mismo.

El análisis en profundidad de los procesos significativos, con la finalidad de obtener la máxima productividad de los mismos, debe considerar una triple vertiente. Por un lado se encuentra la productividad asociada a unos costes predeterminados o estructurales de variación a largo plazo (edificaciones e instalaciones), por otro, aquéllos sujetos a variaciones de mercado que afectan a la productividad de forma directa (coste de materias primas, suministros, recursos humanos) y también aquellos otros que afectan indirectamente pero que, manteniendo inalterada la productividad, la convierten en no competitiva (ubicación y entorno, útiles tecnológicos y maquinaria). Si bien las decisiones se toman de acuerdo a la media en un determinado periodo, los valores exigen disponer de mecanismos para poder efectuar un seguimiento dinámico del nivel de la productividad, referenciándolo al nivel óptimo de una organización capaz de incorporar avances con la mayor rapidez posible.

La productividad no debe ser confundida con la rentabilidad. La segunda está condicionada por el valor que el mercado le atorga al bien adquirido y el precio de adquisición, que se fija de tal manera que rentabilidades altas pueden esconder productividades bajas, o viceversa. Un aspecto a considerar es el relativo a la capacidad de aportación al margen de beneficio del producto, que varía en función de la capacidad de compra del cliente o de la proximidad al consumidor final (ver figura 4.2).

Estas circunstancias condicionan los excedentes del producto y requieren plantearse el alcance de las actividades de la empresa, ya que un proceso global puede aconsejar la aproximación de las actividades al punto final de venta, mejorando las aportaciones al margen de sus productos. En todo caso, el estudio de la productividad debe efectuarse con independencia de la rentabilidad, quizá con mayor rigor en las épocas de alta generación de excedentes, ya que son momentos donde la disponibilidad de recursos permite afrontar aquellas mejoras en productividad a nivel organizacional.

Las mejoras se tienen que dirigir a: el producto, diseñando aquellos que van a reemplazar o complementar a los actuales cuando estos dejen de aportar margen por precio; el proceso, mejorándolo o concibiéndolo de nuevo, para que permitan mejorar adaptativamente la productividad; y la organización, ajustándola a los nuevos desafíos y preparándola a las exigencias de la economía global. En todo caso los periodos de bonanza y de generación de excedentes son aquellos que deben posibilitar, eliminando ineficiencias, adoptar posiciones de ventaja para futuros periodos de estrechamiento de márgenes.

En cuanto a los recursos utilizados por proceso, se deberán contemplar la totalidad de los mismos, ya sean tanto los operacionales que utilizan como aquellos que hacen posible la actividad y que fueron usados con anterioridad o deberán serlo posteriormente a lo largo del ciclo de vida del bien elaborado. El análisis de procesos y costes deberá hacerse con independencia de que correspondan a las áreas de análisis y planificación, diseño, producción, administración, publicidad, marketing y comunicación, control y soporte, o dirección general. Algunos de estos componentes tienen la productividad predeterminada por las características técnicas, como es el caso de la maquinaria, los equipos y su distribución en planta, o la propia concepción del proceso y cada una de sus fases. En cambio, en otros componentes la productividad no está predeterminada, ya que varía en función de condiciones medioambientales, emocionales o de formación, como son los componentes asociados al factor humano o la relación con procesos o suministros de terceros, sobre los que no existe un proceso de planificación sincrónica o capacidad de decisión.

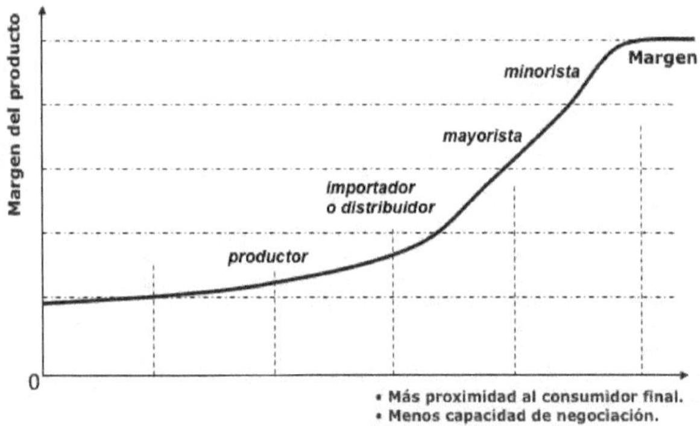

Ciclo de vida del producto

La gestión de la producción persigue alcanzar los valores óptimos de la relación entre recursos aplicados y productos obtenidos. Esta gestión no puede dejar de considerar los aspectos implícitos a la totalidad del ciclo de vida del producto, (ver figura 4.3), que incorpora el diseño, la fabricación, la distribución, la venta, el uso, el mantenimiento y el reciclaje. Influyen también en él y le condicionan aspectos asociados a la imagen y reforzamiento de la marca, el esfuerzo de colocación del producto en los hábitos de compra del cliente y todo aquello asociado a los mercados específicos a los que se dirige.

El ciclo de vida debe contemplarse como un proceso permanentemente alimentado que se inicia con el diseño de nuevos productos o la actualización o mejora de los existentes. El diseño debe estructurarse en 5 etapas (ver figura 4.3 actividad 1, el cuadro de arriba a la izquierda), incluyen: la detección de oportunidades y la formulación de la idea; el análisis de los mercados, sus tendencias y alternativas posibles; la identificación y definición de soluciones y construcción de prototipos o maquetas; el diseño detallado y las pruebas asociadas para garantizar su fiabilidad; y finalmente la redacción de las especificaciones para su fabricación, control, lanzamiento y uso. Un proceso de 5 etapas que requiere a su vez interactuar con la dirección para recibir las directrices, prioridades y políticas de la organización en cuanto a sus productos, con los responsables de fabricación, comunicación, y marketing, con los responsables del análisis de las problemáticas asociadas al fin de la vida útil y su reciclado, y también tomar en consideración los informes relativos a los organismos independientes de evolución de calidad, así como de las directrices legales y normativas aplicables.

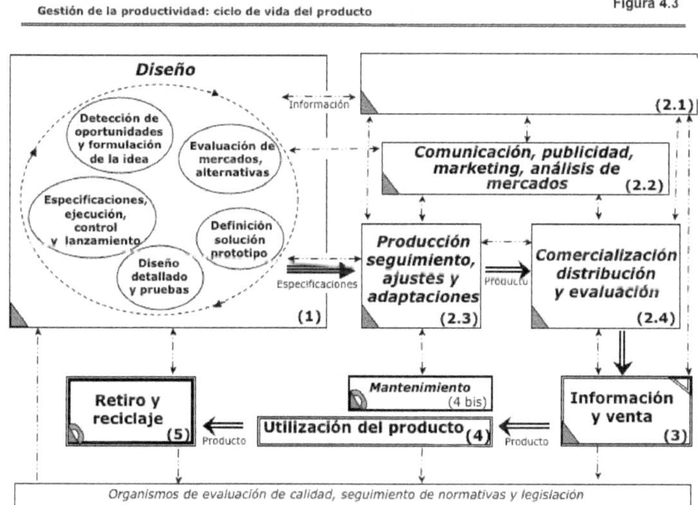

Una vez el producto ha sido diseñado, debe ser fabricado y colocado en los mercados para su venta. En ese contexto deben considerarse (ver figura 4.3, actividades 2.1, 2.2, 2.3, y 2.4) las cuatro actividades interrelacionadas y desarrolladas conjuntamente, ya que de su sincronización depende en gran parte el óptimo funcionamiento de los procesos y su productividad. Esas cuatro actividades hacen referencia a:

- Dirección, apoyo, información, políticas de evolución de calidad, etc.

- Comunicación, publicidad y marketing

- Actividades específicas de fabricación del producto y su seguimiento

- Comercialización, distribución y evolución de los resultados

Son cuatro actividades interrelacionadas que exigen un intercambio fluido de información y de cooperación y colaboración permanente.

El tercer paso es el relativo a la información y venta de los productos. La venta puede ser desarrollada por la propia organización o en cooperación. La cuarta fase del ciclo de vida se inicia una vez el producto ha sido adquirido por el consumidor. En este momento la empresa no puede desentenderse del producto, sino que entra en juego el circuito de asistencia por averías y el mantenimiento correctivo o preventivo. Especial énfasis debe ponerse en las actividades de las unidades propias o externas encargadas del mantenimiento y seguimiento de las problemáticas del uso de los productos, ya que su información es extremadamente valiosa para ajustar los procesos de fabricación, así como de los propios productos, para prolongar su funcionamiento y disminuir los costes asociados a sus anomalías.

Finalmente, el quinto paso del ciclo de vida es el correspondiente a la finalización de la vida útil del producto. Implica su retiro y reciclaje de forma coherente y corresponsable con los problemas medioambientales y de sostenibilidad.

Controlar y gestionar la totalidad de los procesos que configuran el ciclo de vida descrito requiere identificar los parámetros que permiten analizar su comportamiento y proyectar su impacto hacia el futuro. Los procesos son forzosamente cambiantes, de modo que deberemos ser flexibles y considerar no sólo el producto, sino también la totalidad de los elementos externos que confluyen en él. A pesar de ser flexibles, algunas inversiones, por ejemplo en maquinaria, tendrán que mantenerse durante largo tiempo. Esto implica mayor gestión. Habrá que poder planificar los modelos de altos grados de predicción y automatización para que la intervención humana sea requerida únicamente en situaciones de excepcionalidad.

Sin embargo, las situaciones cambiantes que rodean los mercados, los avances que se producen y los nuevos conocimientos existentes originan que surjan actividades y procesos para los cuales el grado de incertidumbre es alto y la planificación no puede ser completamente preestablecida. Para este tipo de actuaciones y procesos, los sistemas y modelos de organización deben permitir altos grados de dinamismo para facilitar la evaluación y la toma de medidas correctoras con fluidez y prontitud.

Debemos disponer de un sistema de medición integrado a todas las actividades y productos, que se ejecute de forma ágil y automática de tal forma que facilite las comparaciones con los valores de referencia y permita la detección precoz de las desviaciones o anomalías, así como la adopción de las medidas para su corrección. Este sistema de medición deberá considerar las cualidades del personal que interviene en el proceso, de los tiempos requeridos y factibles en las acciones requeridas, del coste de las mismas y de los recursos que se disponen. En definitiva, no se trata de aplicar soluciones estandarizadas sino las específicas de cada situación.

La gestión de la competitividad debe realizarse de forma sistemática, analizando las novedades y avances que al ser incorporados pueden mejorarla. Otro factor a tener en cuenta es el ecosistema que la alberga. Por accesibilidad, servicios, conectividad o problemas ambientales se puede ver dificultada la conexión con los mercados y los proveedores e incluso incidir negativamente sobre los trabajadores.

Especial mención debe hacerse a los aspectos relacionados con la calidad, entendida como "el conjunto de características de una entidad que le confieren la aptitud para satisfacer las necesidades establecidas o implícitas"[12]. La calidad incorpora las percepciones, objetivas o subjetivas, del mercado. Por lo tanto, el diseño debe considerar las expectativas que el potencial cliente espera, para que las encuentre reflejadas en las ofertas.

Por otro lado, a veces podemos pecar de aportar demasiadas funcionalidades pensando que gustarán al cliente, pero éste en realidad las encuentra superfluas. Hay que ir con cuidado, ya que esto no sólo puede incrementar el coste, sino que puede afectar negativamente al no ser valorado por el consumidor.

En definitiva, el proceso productivo extendido a lo largo del ciclo de vida se tiene que plantear garantizando la calidad. Hacerlo obliga a efectuar las acciones sin defectos ni uso innecesario de recursos. Esta circunstancia permitirá tanto la satisfacción de los miembros de la organización como de los proveedores externos y los clientes finales, que recibirán la totalidad del valor incorporado por los diversos procesos tal como fue concebido y divulgado. Así, las organizaciones serán reconocidas por su compromiso y excelencia y alcanzarán altos niveles de productividad en un entorno que asegura el cumplimiento de los requisitos, la máxima satisfacción y el valor. Todo ello se conseguirá al mínimo coste y, en consecuencia, empresas, procesos y productos serán más competitivos.

Los factores que determinan la productividad

Gestionar la competitividad en el contexto de la economía del conocimiento es algo que ultrapasa los conceptos tradicionales. Aquí confluyen todo un conjunto de factores que se agrupan en: capital humano, infraestructuras y entorno o ecosistema (ver figura 4.4).

---

[12] Definición de la International Standard Organization (ISO), la cual a través de la norma ISO 9000, permitió establecer criterios y certificaciones que garantizan, a nivel mundial, los criterios de calidad en cuanto a aspectos objetivables.

$$\text{Productividad} = \{f\,(\,V_{Infra} \cdot x^k\,,\,V_{CapHu} \cdot x^j\,,\,V_{Entorno} \cdot x^i\,)\}_t$$

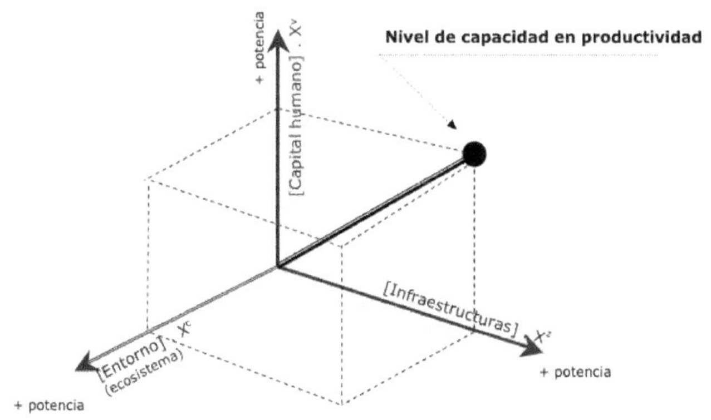

Analizar e identificar cada uno de los indicadores, encuadrándolos en valores referenciales, permitirá alcanzar el valor óptimo de productividad. Un mismo valor puede obtenerse con pesos distintos, lo cual implica esfuerzos y recursos diferentes. La sostenibilidad a largo plazo de la productividad máxima no puede hacerse sin la identificación y la gestión adecuada de cada uno de los componentes que configuran los tres conceptos de la ecuación. Además, no podemos olvidar en ningún momento que la productividad requiere una actitud específica que nos permitirá actuar sabiendo que la mejora es siempre posible.

Productividad: capital humano

El respeto a los derechos humanos, el medioambiente y el desarrollo individual y colectivo son necesarias para incentivar la creatividad, que es un valor a tener en cuenta. Todos los miembros que configuran el equipo de profesionales de la organización se tienen que involucrar, ejerciendo las tareas con compromiso, cooperación, dedicación y esfuerzo.

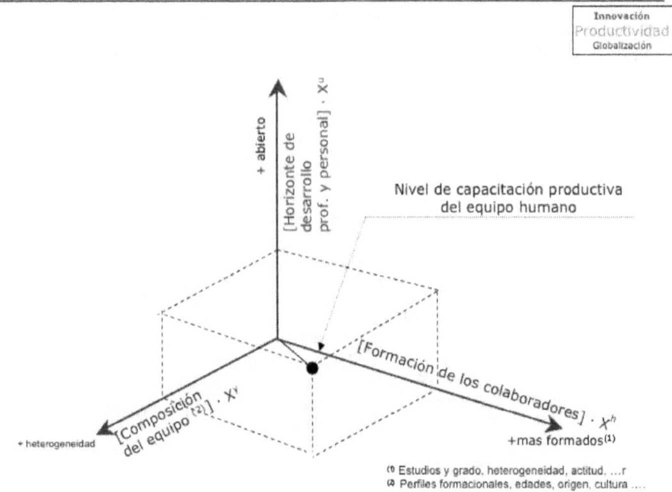

Los miembros tienen que compartir los valores y la misión que orienta la organización. Para ello habrá que incentivar las relaciones interdepartamentales, en especial entre aquellos que hay una relación cliente/proveedor. Si se pueden compartir problemáticas se podrán identificar soluciones. Esto implicará conocer mejor cada trabajador y también se le podrá valorar mejor. Esta cultura empresarial facilita la implicación de toda la organización, en especial de los máximos responsables, que deben huir de declaraciones grandilocuentes, centrar en la configuración del entorno adecuado y actuar coherentemente.

Deben descartarse los procedimientos amparados en controles rígidos y el tutelaje permanente. Son mejores los sistemas que faciliten la participación y el asumir compromisos delegados. Hay que otorgar autonomía, que es posible porque cada persona conoce la importancia de su tarea en el proceso global y la confianza que se le ha depositado. Esto es necesario para el desarrollo profesional y personal, que conjuntamente con la capacitación asociada a la formación y la composición del equipo, que colabora con lealtad y complementariedad. Todo ello caracteriza el capital humano (ver figura 4.5).

El desarrollo profesional lo entendemos como la planificación de una trayectoria profesional que conduce a los colaboradores a lograr objetivos en el seno de la organización. Esto se consigue incrementando la complejidad de las tareas que realizan, asumiendo mayor responsabilidad y obteniendo mayores rendimientos de las actividades desarrolladas. Los rendimientos producen satisfacciones al trabajador y le dan autoestima para asumir aún más responsabilidades, autonomía y representatividad.

La responsabilidad y el rendimiento deben ir acompañados de mayores retribuciones económicas, que facilitan el desarrollo personal y le reducen las encrucijadas en el ámbito privado. La ejecución de una carrera profesional en el seno de una organización debe contar con la predisposición de las personas a lograr metas, aceptando desafíos y las responsabilidades asociadas, conocedores de que los resultados y las capacidades evidenciadas marcarán el ritmo del avance.

La productividad exige personas con voluntad de progreso personal y profesional, dispuestas a efectuar esfuerzos, aplicar su talento, responsabilizarse y cooperar. Dichas actitudes conducen a la organización a obtener nuevos y mejores resultados. Las organizaciones que no fidelizan a las personas con ambición de progreso las perderán o harán que no se involucren suficientemente, lo cual será especialmente grave en situaciones complejas o en épocas de incertidumbre, conflictivas o de cambios.

El establecimiento de carreras profesionales, que comporta entender la importancia del capital intelectual, su adhesión y fidelización a la organización, debe ser planteado con generosidad. Hay que potenciar las carreras aun sabiendo que el colaborador puede considerar las oportunidades existente en otras organizaciones optando por ellas. Es razonable que aquellos que tienen una relación más próxima a quienes tienen capacidad de decisión vean incrementadas sus posibilidades de desarrollo, al evidenciarse con mayor facilidad sus capacidades y lealtad a la organización. El sistema de información deberá establecer mecanismos para poder detectar las capacidades de todo colaborador con independencia de dónde ejecute su actividad.

Hay que indicar, finalmente, que facilitar el desarrollo profesional no debe considerarse como un elemento individual. Las organizaciones deben fomentar el trabajo en equipo y la formación de equipos plurales encaminados al logro de objetivos, segundo elemento que encuadra el marco conceptual del capital humano en la productividad. Deberán compatibilizar las carreras profesionales y las recompensas individuales a las del equipo, con la finalidad de potenciar la concordancia de esfuerzos en la dirección deseada, asegurando el mantenimiento de la cohesión y los objetivos comunes.

Podemos concluir que la capacidad de desarrollar carreras profesionales es el primer elemento a considerar al gestionar el concepto capital humano en la productividad de la organización.

El segundo elemento, la formación de los colaboradores, debe encuadrarse en la problemática derivada de la rápida obsolescencia de los conocimientos que se produce en la actualidad y que caracteriza las organizaciones de la economía del conocimiento. Afrontar el reto de la formación continuada, conjuntamente con la incorporación de nuevas personas capaces de aportar los conocimientos especializados mas avanzados requeridos por los procesos de la organización, es uno de los retos más significativos y determinantes en cuanto a la productividad.

El proceso formativo debe contemplarse como una inversión de futuro. Su aplicación no puede ser descontextualizada de los objetivos estratégicos de la organización. Planteada de esta manera, la formación alcanza un triple objetivo: por un lado, evita la obsolescencia de la organización garantizando su productividad; por otro, abre nuevas oportunidades de actividad y negocio, y, finalmente, es un instrumento esencial en cuanto a las carreras profesionales y a los retornos por los esfuerzos y logros de los colaboradores.

En este último aspecto debe considerarse que las necesidades de desarrollo profesional y progreso personal son variadas, por eso en especial debe considerarse para los más comprometidos con la creación y el progreso para quienes adquirir nuevos conocimientos es esencial. En estos casos, la retribución en formación debe ser incorporada de forma sistemática.

La formación puede ser impartida por especialistas externos a la organización, de forma estándar, o bien ajustada a los requerimientos de la misma, por personal de la propia organización. Involucrar al personal de la organización como transmisor de conocimientos y conductor del proceso formativo tiene enormes beneficios indirectos, ya que facilita la interrelación, incrementa las capacidades comunicativas, facilita el reconocimiento de la valúa de los miembros y genera confianza en la potencia y las capacidades propias.

La formación debe también prestar atención a aquellas personas con actitudes que potencian la mejora continua, evidencian el valor del trabajo en equipo, la necesidad de autoevaluación y la medición de las competencias y de la importancia de la inteligencia emocional para facilitar las relaciones laborales y la eficaz y afectiva comunicación. Formar al personal de la organización en actitudes y aptitudes permite disponer de situaciones ventajosas, tanto a nivel individual y del equipo, como ante los retos estratégicos de la organización.

En definitiva, invertir en formación es invertir en progreso, en seguridad frente las encrucijadas del futuro y también es incrementar la fidelidad hacia la organización y garantizar la eficiencia de los procesos y de los servicios.

El tercer elemento a considerar en la gestión del capital humano es la configuración de los equipos. En ellos convergen simultáneamente los conocimientos diversos y plurales orientados a una misma finalidad y objetivo. Si se crean la necesidad de configurar y trabajar en equipo, los equipos y su configuración son el tercer elemento, que conjuntamente con el desarrollo profesional y la formación de los colaboradores, delimitan el marco conceptual en que se mueve el concepto recursos humanos en cuanto a la productividad.

El trabajo en equipo aporta su mayor potencial cuando la organización debe abordar complejos procesos innovadores, ya que utilizan conocimientos especializados diversos, ya sean científicos, técnicos o artísticos. Consecuentemente, disponer de un grupo humano heterogéneo en cuando a conocimientos, sensibilidades y experiencias es crucial para abordar la solución de las problemáticas que se presenten.

El grupo de personas debe convertirse en uno o varios equipos. Esto comporta implantar una cultura de trabajo en equipo, lo cual no siempre es fácil. Se tienen que saber los perfiles requeridos, buscando la complementariedad en las habilidades, capacidades y experiencias; estableciendo códigos de lenguaje común, circuitos de información y transparencia para posibilitar la cooperación en un marco de confianza y lealtad; estableciendo escenarios que faciliten las decisiones, la autorregulación y autoorganización asistida en función de las características de los proyectos abordados.

El funcionamiento en equipo de los recursos humanos es uno de los grandes retos. Lograrlo exige de los aspectos anteriores, pero adicionalmente a ellos hay que cuidar las actitudes de los diversos miembros, los mecanismos de toma de decisión y los de reconocimiento de los logros. Es clave el modelo de liderazgo que se aplique y el dinamismo y capacidad relacional de la persona que lo ejerza, a nivel de equipo y de organización. Hay que definir con precisión los objetivos, plazos, requisitos, roles y mecanismos de control e interrelación con otros equipos o departamentos de la organización.

En resumen, gestionar eficazmente la composición del equipo, conjuntamente con los planes de adecuación permanente que garanticen el óptimo nivel formativo de acuerdo a las exigencias de los procesos de la organización, y el establecimiento de carreras que faciliten el desarrollo profesional y personal, es el reto para alcanzar la máxima productividad de los recursos humanos de las organizaciones y la vertebración y crecimiento delcapital intelectual, recurso esencial para toda organización con ambición de futuro.

Productividad: infraestructuras

Las infraestructuras son determinantes en cuanto a la productividad de los procesos, la capacidad de generación de valor, la gestión de la organización y el análisis de los mercados. Al hablar de las infraestructuras contemplamos el conjunto de equipos y maquinarias que permiten la actividad:

- Las cadenas de producción automatizada o robotizada,

- Los equipamientos que permiten desarrollar la actividad de los recursos humanos,

- Los sistemas de procesamiento y transmisión de información,

- Los laboratorios de ensayo y simulación,

- Las unidades de investigación y desarrollo que requieren equipamientos específicos.

Siendo condición necesaria disponer de equipos, útiles y máquinas adecuadas, no es suficiente para lograr el objetivo de que las infraestructuras aporten su máxima capacidad. La concepción y el diseño de las instalaciones que las acogen les dan la suficiencia en cuanto a su óptimo uso, siempre que las instalaciones, entendidas ampliamente, se conciban considerando una triple vertiente: los equipos, la maquinaria y el personal que ejecuta su actividad. En ese sentido, al hablar de infraestructuras que dan soporte a la actividad debe considerarse la totalidad de los procesos y departamentos de la organización incorporando las especificidades de cada uno de ellos en la triple vertiente indicada.

Unas infraestructuras concebidas de acuerdo a las especificidades de los equipos, los procesos y las personas que ejecutan la actividad requieren una gestión precisa. Así, cada proceso y puesto de trabajo tendrá las infraestructuras requeridas, no ignorará el grado de obsolescencia a que está sometida y su significativo impacto sobre la productividad específica y la rentabilidad de la organización. Unas infraestructuras inadecuadas no sólo pueden ser contraproducentes para el desarrollo de la actividad, sino que incluso pueden implicar productividades y aportaciones al margen que sean negativas. Por estas razones la gestión de las infraestructuras requiere un sólido sistema de información y planificación que permita la eficiente gestión de las mismas.

Gestionar con eficiencia las infraestructuras implicará actuar sobre los tres elementos que las caracterizan (ver figura 4.6):

- Equipamiento

- Instalaciones de desarrollo de la actividad

- Sistema de información

Cada uno de ellos tendrá aportaciones diversas, pero siempre habrá que buscar su valor óptimo de aportación. La finalidad siempre tiene que ser lograr la máxima capacidad infraestructural de la organización.

En la mayoría de las organizaciones la gestión de los equipamientos y la maquinaria suele hacerse con criterios de eficiencia y productividad. En cambio, no suele ser el caso de las edificaciones y los elementos que les otorgan su habitabilidad, ni de los sistemas de información y planificación, a los cuales en numerosas ocasiones no se les ha prestado la atención requerida.

Las instalaciones deben contemplar aspectos relativos a la ergonomía. Siguiendo criterios ergonómicos en la gestión de las instalaciones se puede disponer de tareas seguras y saludables que, preservando la confortabilidad, incrementan la productividad, la disminución de los riesgos y los trastornos de salud originados por malas posturas, iluminación incorrecta o nerviosismo.

La ergonomía, que implica ajustes en los procesos al incorporarles aspectos relativos al bienestar físico y psíquico, se convierte en un excelente instrumento que permite avances significativos en la productividad. Consigue mejores niveles de eficiencia, eficacia y rendimiento de los trabajadores.

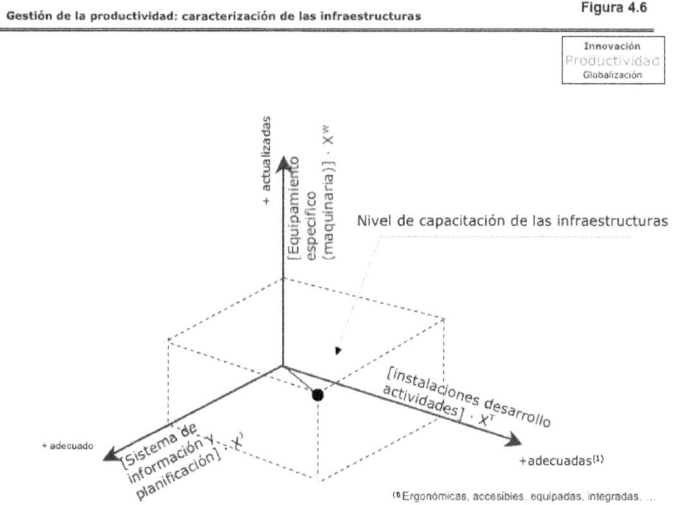

Gestión de la productividad: caracterización de las infraestructuras

Figura 4.6

Adicionalmente a los aspectos ergonómicos y de bioseguridad asociados, es requerido que las instalaciones sigan las políticas de protección medioambiental y de sostenibilidad. Aspectos relativos al ahorro enérgico, reciclaje y a la disminución de uso de recursos, deben ser considerados en el diseño de la instalaciones por su repercusión directa sobre los costes y por la interiorización de valores que conducen al reconocimiento social de la organización.

Por lo que se refiere a los sistemas de información, éstos deben estar enfocados a un triple objetivo: el primero es el relativo a posibilitar la gestión de las infraestructuras (máquinas, equipos e instalaciones) y de los procesos y recursos humanos que los ejecutan de una forma integral. Consecuentemente, la información debe ser precisa, exhaustiva y presentada en series temporales. El segundo objetivo es que el sistema de información no sólo diga 'lo que pasa', sino que aporte explicaciones de las posibles causas y admita simulaciones del tipo 'qué ocurriría si se efectua se una determinada acción', con la finalidad de aportar ayuda a la toma de decisiones. El tercer objetivo es dar soporte a una producción potencialmente descentralizada y con multiemplazamiento. Por consiguiente, debe estar concebido para aportar diversos niveles de información, posibilitando las actuaciones acertadas en los diversos puestos de trabajo que deben actuar frente a las problemáticas que surjan o se anticipen a ellas.

En definitiva, una información precisa, que permite conocer las causas de las problemáticas, y ajustada a las exigencias específicas de cada puesto de trabajo, conjuntamente con unas instalaciones diseñadas con criterios de confortabilidad y de protección física mediante diseños ergonómicos y medioambientalmente sostenibles, conducen a lograr incrementos significativos de productividad, si van acompañadas de los equipos y maquinarias requeridas por los procesos. Estos tres elementos garantizan la optimización de las infraestructuras y también garantizan su máxima aportación de valor.

Productividad: entorno

El tercer concepto en que se encuadra la gestión de la productividad (ver figura 4.4) hace referencia al entorno en que se desarrolla la actividad de la organización.

Los entornos deben ajustarse a las exigencias de los modelos más avanzados en cuanto a la producción, consecuentemente a las exigencias de la economía global que se desarrolla en el marco de la sociedad del conocimiento.

La sociedad del conocimiento y la economía global configuran una sociedad global interconectada en ideas, bienes y servicios, con creciente interdependencia de los mercados y las políticas. La sociedad se organiza, dentro del contexto planetario, en áreas de especialización productiva y de desarrollo del conocimiento y la innovación. La ausencia de fronteras proteccionistas, las políticas desarrolladas por los diversos estados encaminadas a la atracción de recursos e iniciativas empresariales, las redes de decisión económica, financiera y productiva con capacidad de actuación a lo largo del planeta, convierten a las infraestructuras de movilidad y a la logística en factores estratégicos que determinan y posibilitan saltos cuantitativos y cualitativos a los territorios y a las empresas que en ellos se ubican.

Las empresas con voluntad de optimizar e innovar organizan su actividad tanto a nivel endógeno en el territorio que les cobija, como exógeno en búsqueda de oportunidades. Esto obliga a que los territorios, o entornos, estén hipercomunicados interna y externamente.

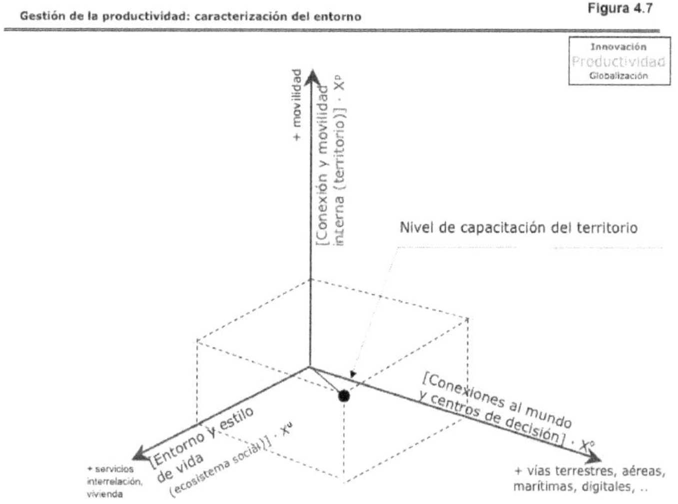

Las infraestructuras marítimas, aéreas y terrestres conjuntamente con una potente red telemática se convierten en elementos fundamentales para consolidar un territorio como región de excelencia en el proceso de generación de valor cualificado y de crecimiento de las empresas. Los territorios constantemente están sometidos a procesos de ajuste de sus modelos de desarrollo social y económico, lo cual comporta la reubicación de sus elementos productivos dentro del mismo territorio, pero también externamente. Sirva como ejemplo la producción basada en la actividad industrial, que crea un doble efecto: por uno lado, la migración hacia zonas alejadas, aunque bien comunicadas, de la producción, y, por otro lado, el reagrupamiento en el ámbito metropolitano de las actividades que requieren un alto contenido de innovación y de conocimiento. Este proceso de reubicación de las empresas va paralelo a las dinámicas de emancipación y desarrollo personal, que originan, en la mayoría de casos por razones diversas que suelen ser económicas o ambientales, el alejamiento de las actividades productivas de las zonas residenciales, aumentando de esta manera los desplazamientos de los trabajadores.

En definitiva, las empresas requieren tener garantizada la disponibilidad de infraestructuras que les permitan la movilidad y la interconexión. En consecuencia, tienen que ubicarse en áreas hipercomunicadas interna y externamente en lo que hace referencia a personas, mercancías y datos. Las redes de banda ancha, las autopistas, los ferrocarriles, las conexiones regionales y transoceánicas, las conexiones marítimas, se convierten en elementos estratégicos y clave para la productividad.

Siendo la movilidad de personas, productos e informaciones elementos centrales para la productividad, no lo son menos las facilidades de desarrollo personal y social y los estilos de vida que un territorio permite. Aquí reside el poder disponer del personal cualificado y comprometido. De esta forma puede afirmarse que el marco conceptual en que se centra la gestión del entorno como elemento que potencia la productividad se encuadra en un espacio limitado por los elementos que incorporan los conceptos: conexión y movilidad intraterritorio, conexión y movilidad internacional y estilo de vida (ver figura 4.7).

Debe prestarse especial atención a la capacidad de desarrollo personal y de implantar un estilo de vida acorde a las exigencias sociales y de progreso. En este contexto deberá garantizarse que los entornos tengan políticas enfocadas a la salud, especialmente de la población con edad más avanzada, de fomento de la cultura, de la posibilidad de elección, de equilibrio medioambiental y de actuaciones que eviten las fractura social y la exclusión del progreso por motivos generacionales, culturales, de género o geográficos. Todo este conjunto de aspectos incorpora elementos subjetivos y objetivos pero que deben ser gestionados para llevar el entono a su máxima productividad.

Síntesis de factores que configuran la productividad

La productividad debe ser analizada y gestionada en un espacio delimitado por tres conceptos: el capital humano, las infraestructuras y el entorno, los cuales requieren ser tratados de forma conjunta, ya que cada uno de ellos aporta y acota capacidades. El acierto se consigue actuando sobre los indicadores que incorporan los tres aspectos que, de acuerdo con los apartados precedentes de este capítulo, son los que se indican en el cuadro de la figura 4.8, que sigue.

Gestión de la productividad: síntesis de elementos conceptuales **Figura 4.8**

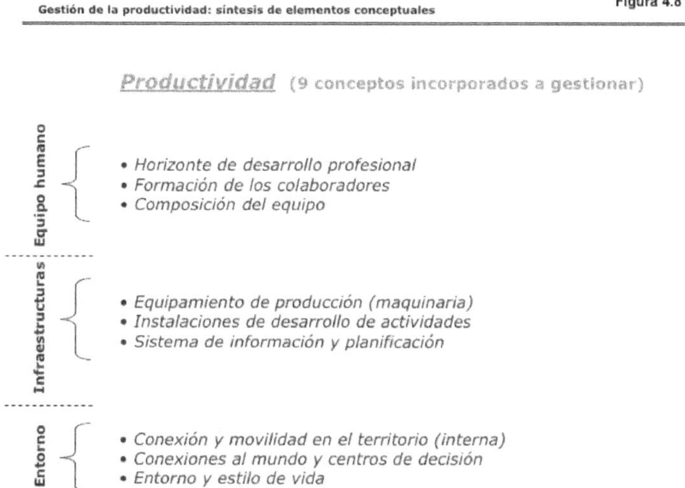

La gestión debe contemplar los elementos que configuran cada uno de los nueve conceptos descritos: horizonte de desarrollo profesional, formación de los colaboradores, composición del equipo; equipamiento de producción, instalaciones de desarrollo de actividades, sistema de información y planificación; conexión y movilidad interna del territorio, conexiones al mundo y centros de decisión, entorno y estilo de vida. En función de las prioridades y estrategias de la organización se priorizarán más unos u otros, pero el énfasis recaerá en especial sobre aquellos que representen impactos mayores en cuanto a la mejora de la productividad y a la generación de valor.

5. LA GLOBALIZACIÓN COMO ELEMENTO DE COMPETITIVIDAD EMPRESARIAL

La globalización es una realidad ineludible que puede eliminar a las empresas que no asuman su dinámica y potencialidad. Presenta un mercado mundial único, un aspecto con riesgos enormes pero con inmensas posibilidades para aquellas organizaciones capaces de abordarla e interiorizarla, gestionando los potenciales con eficacia, lealtad y respeto social, cultural y medioambiental.

Abordar las potencialidades de la globalización obliga a las organizaciones a ser capaces de plantearse la fragmentación del proceso productivo en partes. Con independencia de su secuencialidad, o posible simultaneidad, las fragmentaciones pueden ser ejecutadas en localizaciones con distinta ubicación, considerando, incluso, cuáles de ellas pueden ser ejecutadas parcial o completamente por terceros. Este proceso de fragmentación y ubicación permite alcanzar un triple objetivo: en primer lugar ubicar cada parte en función de los costes, las infraestructuras y perfiles profesionales más adecuados. En segundo lugar, permite incrementar las capacidades productivas puestas al servició del proceso, sin necesidad de estar limitadas por las capacidades propias, lo que a su vez permite modelar la producción a las evoluciones y respuestas del mercado, o a las estrategias derivadas de políticas de lanzamiento, penetración y establecimiento de barreras a la competencia. En tercer lugar, la fragmentación permite tanto incrementar el número de emplazamientos como incorporar procesos específicos terminales que permitan ajustar los productos a las características propias de los mercados finalistas. Un análisis de fragmentación debe efectuarse estrictamente vinculado al producto y a las estrategias empresariales para convertir la empresa en empresa de referencia a nivel global en cuanto a sus productos, ya que únicamente las organizaciones con vocación de marcar el ritmo de las innovaciones y liderar el sector son las queobtienen las máximas ventajas del proceso de globalización económica.

Acotación de las potencialidades de la globalización

Con el término globalización se hace referencia al proceso de cambio a que está sujeta la humanidad como consecuencia del incremento del comercio mundial, la localización de procesos fabriles en países en vías de desarrollo, la capacidad de influencia y de trasformación de las grandes empresas, la uniformización cultural y la facilidad de acceso y transmisión de información a nivel planetario con independencia de las ubicaciones. Es un proceso que si bien alcanza cotas muy importantes a inicios del presente siglo, ya tiene sus orígenes en las transformaciones que se producían en la economía internacional desde los años 60.[13] Es un proceso en evolución que hace realidad la interdependencia planetaria. Tal como se ha indicando anteriormente, no debe contemplarse estrictamente desde una perspectiva económica, ya que afecta todas las dimensiones del desarrollo y la interacción humana, propiciando un aumento de la comunicación y de interdependencia de las políticas sociales y económicas de los estados.

También debe entenderse que, si bien la interdependencia y la movilidad de recursos de un extremo a otro del planeta es algo que se remonta en la historia[14], en el proceso actual hay aspectos que la hacen singular, en concreto:

- Su extensión geográfica, ya que abarca en mayor o menor grado la práctica totalidad del planeta;

- La generación y acumulación de riqueza y crecimiento, que es multinodal, a diferencia de épocas anteriores en que la acumulación se producía básicamente por parte de los que explotaban los recursos de determinados territorios;

- Su desarrollo en un mundo hipercomunicado y con medios de comunicación interconectados y de cobertura mundial, lo cual exige transparencia y dificulta los tratos inhumanos y

---

[13] En el libro The Globalization of Markets del economista Theodore Levitt se describen el conjunto de transformaciones que supusieron las bases del proceso de globalización económica.

[14] A lo largo de la historia otros procesos globales se han producido en el mundo. Desde el imperio romano ya se produjeron estos procesos, después pasando por el descubrimiento de América y su colonización, conjuntamente con la de África y Asia por las potencias Europeas, hasta la expansión de la economía internacional que impulsaron los estados más industrializados entre 1870 y 1914, esta última brutalmente frenada por la primera guerra mundial.

la explotación de las personas, ya que pone en evidencia las irregularidades relativas a la protección de los trabajadores;

- La necesidad de mejorar los sistemas educativos, en especial de los países prósperos, ante la exigencia de calificación de los puestos de trabajo;

- La facilidad de desplazamiento y el potencial enorme de las tecnologías computacionales y telemáticas;

- El surgimiento de una conciencia colectiva universal, que reclama atención a los problemas reales y a los derechos y deberes individuales y colectivos.

Estos elementos diferenciales no deben esconder que la globalización, de raíces económicas, busca obtener la máxima rentabilidad de las iniciativas y actividades productivas, por ello la globalización genera dinámicas de crecimiento que fomentan el consumo y a menudo el despilfarro de recursos. Consecuentemente puede producir degradación y contaminación medioambiental, subordinar el bienestar al modelo consumista, incrementar los riesgos de pandemias, incrementar el consumo energético, acelerar la pérdida de diversidad, potenciar la uniformización cultural, aumentar la agresión a los más débiles, provocar movimientos migratorios excesivos, incrementar la precariedad laboral, etc. Para solucionar todos estos problemas las naciones no pueden actuar de forma independiente, sino que se requieren organismos supranacionales con competencias reales, una exigencia imposible a medio plazo. Una de las principales dificultades para el funcionamiento de estos organismos son las diferencias económicas e ideológicas entre países y también en la pobreza a que está sometida la mayor parte de la humanidad.

El fin último de la globalización económica es un mercado mundial único. Si bien se ha avanzado mucho aún queda un largo camino por recorrer. Lo que frena el avance de la globalización son los ruidos y asimetrías que generan los estados y, a la vez, la poca legislación relativa a la defensa de los derechos y deberes de los trabajadores, el medio ambiente o la competencia. Además, también están las diferentes monedas y tipos de interés, las tasas de cambio no ajustadas a paridades reales, las legislaciones no coincidentes, las políticas salariales y fiscales, la movilidad de ciertas mercancías, el acceso al conocimiento y los aspectos relativos a cómo se entiende y ejerce el poder por parte de las administraciones que eliminan o incrementan los riesgos de cada país.

La globalización, como fenómeno mundial, puede no tener todos los aspectos positivos que se le pueden presuponer; los riesgos son enormes, pero también las posibilidades que de ella se desprenden. Asumir el reto de abordarlas y colaborar para que el proceso sea lo más eficiente y justo depende de cada organización, pero de poder llevarlo a cabo o no depende de su capacidad de generar excedentes y colaborar en la generación de las plusvalías que permiten el progreso humano.

Consecuentemente, es un recurso que debe ser abordado, interiorizado y gestionado con eficacia, lealtad y respeto social, cultural y medioambiental. Una gran parte del éxito en la búsqueda de competitividad pasa por saber extraer de este recurso el máximo potencial de acuerdo a las características de cada empresa, sus productos y estrategias. Para hacerlo, la organización debe ser capaz de plantearse, y abordar en su caso, la fragmentación del proceso productivo en partes, las cuales puedan ser ejecutadas en localizaciones con distinta ubicación, considerando incluso cuáles de ellas pueden ser ejecutadas parcial o completamente por terceros.

En todo caso, la fragmentación del proceso y sus multiemplazamientos debe garantizar que el proceso productivo fluya con continuidad, como un proceso unitario, manteniendo los estándares de control y calidad que posibilitan que el producto conserve las señas de identidad de la marca, con independencia de dónde haya sido fabricado. Esto exige que una serie de aspectos y actividades se realicen de forma unitaria (ver figura 5.1), independientemente de dónde se ubiquen. En concreto, tenemos dos grupos de actividades: las relativas a la supervisión, gestión y control de la organización y los procesos desarrollados; y por otro, aquéllas correspondientes tanto al análisis de los mercados, estrategias de comunicación, marketing y comercialización, como las relativas al diseño de productos, procesos de investigación, desarrollo e innovación.

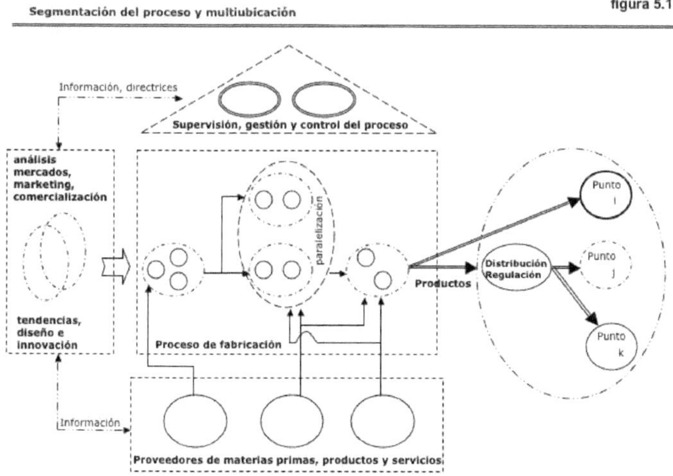

Este proceso de fragmentación y ubicación permite alcanzar, en primer lugar, la ubicación de cada proceso en función de los costes, las infraestructuras y perfiles profesionales más adecuados. En segundo lugar, permite incrementar las capacidades productivas puestas al servicio del proceso, sin necesidad de estar limitadas por las capacidades propias. En tercer lugar, la fragmentación permite tanto incrementar el número de emplazamientos en aquellas tareas que, requiriendo más tiempo unitario, son susceptibles de ser desarrolladas simultáneamente, como incorporar procesos específicos terminales para ajustar los productos a las características propias de los mercados finalistas.

El análisis de la ubicación adecuada es el primer aspecto a considerar derivado de la globalización. Sin embargo, no puede efectuarse en abstracto, ya que está estrictamente vinculado al producto. Así pues, el segundo concepto que encuadra el análisis de la capacidad globalizadora es el producto en cuanto a sus características, potencialidades, funcionalidades, mercado objetivo, volumen y precios. Solamente en aquellos casos que el producto pueda colocarse en un mercado lo más global posible o las cantidades del mismo sean significativas a pesar de ser consumidas en un mercado local, cabe plantearse los aspectos relacionados a ubicaciones transnacionales o lejanas que puedan aportar ventajas competitivas.

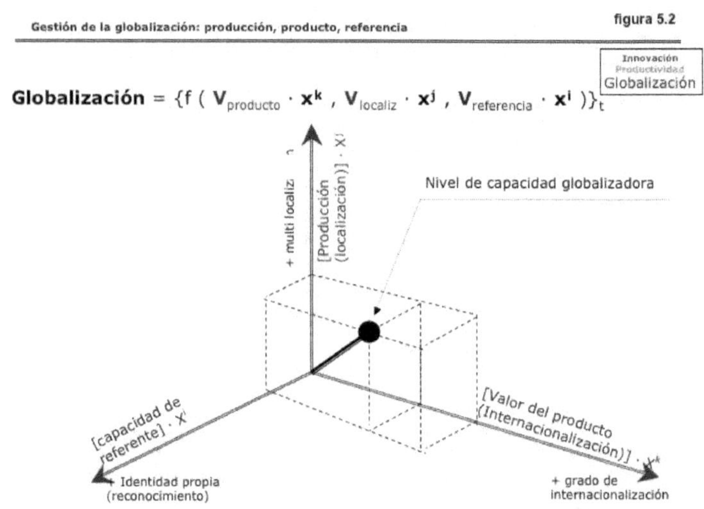

$$\textbf{Globalización} = \{f\,(\,\mathbf{V}_{producto} \cdot \mathbf{x}^k\,,\,\mathbf{V}_{localiz} \cdot \mathbf{x}^j\,,\,\mathbf{V}_{referencia} \cdot \mathbf{x}^i\,)\}_t$$

En este análisis de búsqueda de la mejora de la competitividad usando las potencialidades de la globalización, cabe incorporar un tercer concepto, que es la capacidad, o voluntad, de la organización de convertirse en empresa de referencia a nivel global en cuanto a sus productos. Únicamente lo consiguen aquellas empresas con vocación de marcar el ritmo de las innovaciones y liderar el sector. Pueden obtener las máximas ventajas del proceso de globalización económica ya sea por aspectos relativos a los procesos productivos como por los asociados a los mercados con capacidad de adquirir el producto.

En consecuencia, gestionar la globalización y obtener ventajas de ella requerirá gestionar los componentes que configuran la localización de la producción, las características de los productos y la capacidad de liderazgo o referencia (ver figura 5.2).

El análisis e identificación de los indicadores que permitirán la gestión óptima de las capacidades aportadas por la globalización requiere saber cuáles son los componentes determinantes de cada uno de los tres conceptos o grupos que configuran la ecuación. Para explicarlo nos ayudaremos de mapas conceptuales.

Globalización: localización

Centrando la reflexión sobre localización a lo largo del planeta, ésta debe centrarse en tres ejes que recogen los aspectos asociados a la accesibilidad a los mercados, la distribución del proceso y la logística. Como se ve en la figura 5.3, para poder determinar la óptima localización de cada proceso debemos considerar las tres cosas.

La accesibilidad a los mercados es el primer elemento a considerar. La mayoría de elementos que condicionan la accesibilidad son externos a la organización, de modo que se dispone de escasa capacidad de maniobra porque son responsabilidad de las diversas administraciones donde se presta la actividad. Por lo tanto, la gestión de la accesibilidad por parte de la empresa consistirá en usar óptimamente este recurso ubicándose en los lugares estratégicos. Tendrá que saber aprovechar las ventajas de los diversos territorios. En según qué casos interesará que tengan un alto nivel de desarrollo, pero en otros puede ser más atractivo que sean emergentes. En ambos casos la conectividad tanto de origen como destino es crucial en cuanto a la accesibilida

Desde el punto de vista de las administraciones de los territorios, a éstas les interesa atraer empresas. Lo van a conseguir si impulsan, de manera decidida, políticas encaminadas a crear las condiciones adecuadas para que la industria pueda transformarse hacia modelos asociados a garantizar su competitividad en un contexto global, lo cual consiste en ofrecer buenos servicios e infraestructuras. Además, tendrán que facilitar y ayudar las nuevas iniciativas.

Buenos servicios e infraestructuras en definitiva permiten reducir costes de producción a la empresa. Asimismo, en los países con estas características la mano de obra es más cara. Si se opta por un país en vías de desarrollo, con mano de obra barata, hay que considerar las garantías de seguridad y los riesgos del país.

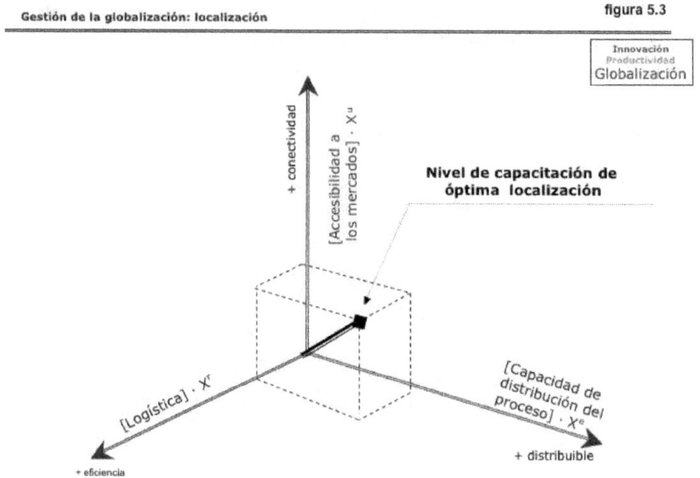

En consecuencia la accesibilidad en el sentido amplio, determinante en cuanto a conectividad, es el primer elemento a gestionar para poder afrontar la globalización desde la óptica de la aportación de valor competitivo a la organización.

En cuanto al segundo aspecto, relativo a la capacidad de distribución del proceso, el elemento determinante es el producto. Debe ser analizado considerando sus aspectos intrínsecos y asumiendo que no todos los productos están sujetos a ser globales, ni la globalización exige que lo sean, lo cual no implica que el objetivo no sea producir y colocar en el mercado el máximo número posible de acuerdo a las características de los mismos, sin que eso conduzca a pérdidas de calidad y valor. Para una organización lo esencial es generar excedentes y lograr beneficios. En ese sentido cada producto tiene unas características propias y diferenciales que lo hacen atractivo para un determinado segmento de mercado local o global.

A la vez hay que considerar que los productos o servicios prestados pueden estar enraizados en el propio territorio, un ejemplo son los procesos de obtención de las materias primas, en que un producto obtenido que debe ser colocado internacionalmente no es localizable a voluntad, o aquellos otros que estando su prestación enraizada en el territorio su consumo exige el traslado al mismo de los usuarios, como es el caso de las actividades turísticas. En el primer caso deben trasladarse los productos a los mercados, en el segundo deben trasladarse el mercado (los consumidores) a los productos. En consecuencia, la capacidad de distribuir el proceso productivo está íntimamente ligada al producto que se desarrolla y condicionada por los aspectos anteriores que deben ser considerados en el momento de la toma de las decisiones requeridas.

El tercer aspecto que debe ser considerado conjuntamente a la accesibilidad a los mercados y a la capacidad de distribución del proceso es el relativo a la logística. La globalización y en concreto la localización de los procesos requiere un sistema logístico que incorpore el ciclo de vida completo de los productos y las problemáticas asociadas a la multilocalización de los procesos productivos en la línea que se analizó en el capítulo primero (ver figura 1.1). Esto exige un sistema logístico complejo, requiriendo que paralelamente al flujo de productos se desarrolle un flujo de información que garantice el cumplimiento de los objetivos. Solamente las empresas con capacidad de acceder a los sistemas logísticos complejos y de gestionarlos con eficiencia y eficacia pueden acceder al recurso de la localización si tienen productos que lo admitan y si tienen accesibilidad a los mercados.

Globalización: valor del producto

El segundo eje que encuadra la globalización es el relativo al valor del producto, el cual debe encuadrarse en un espacio conceptual delimitado por tres elementos, que incluyen (ver figura 5.4): precio-target; atractibilidad y valor implícito.

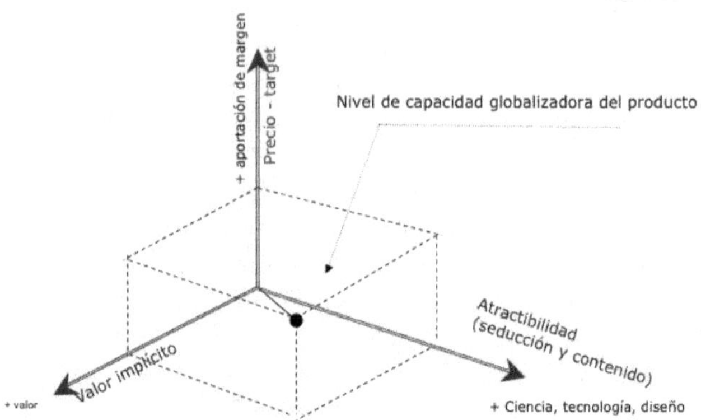

En cuanto al primer elemento, relativo al precio-target (se entiende por target el segmento al que se dirige), las apreciaciones a considerar hacen referencia al volumen que un mercado es capaz de absorber, a las características del producto, que determinan su precio y su capacidad de aportación al margen, además de aquellas características asociadas a si su posicionamiento en el mercado es por precio o innovación.

Los productos con grandes volúmenes de fabricación, debido a su no exclusividad y amplia aceptación suelen ser los más sujetos a aprovechar las ventajas de la globalización tanto en su componente de localización de la producción como en el de alcanzar altas cotas de mercado.

En cuanto a los productos de alto valor, ya sea por sus características o por la innovación que aportan, su componente globalizador debe afrontar en primer lugar la penetración en los mercados, no siendo tan determinante en este momento la ubicación en zonas con mejores valores en cuanto a productividad por costes. Así se puede seguir trabajando en los aspectos que aportan valor implícito al producto como un factor de incremento de precio, siempre que los volúmenes sean significativos y siempre que el producto no pierda valor.

El segundo aspecto que relaciona globalización y valor del producto es el relativo a la capacidad de seducción del producto. Las principales propiedades que tiene que tener un producto para poder atraer al comprador radican en la tecnología, la novedad y el diseño. Especial atención deberá prestarse al componente diseño y a su gestión ya que es el elemento determinante junto a la calidad. Un buen diseño, tanto desde el punto de vista estético como funcional, suele ser el elemento que amplía las fronteras y abre los mercados globales y, lo que es aún más significativo, construye barreras a la competencia y permite convertirse en el producto a poseer y el ejemplo a seguir por los competidores.

Adicionalmente al precio y a la atracción del producto, el tercer elemento, que en realidad está condicionado por los primeros, es el valor implícito. Se materializa monetariamente en el margen resultante de la diferencia de los costes incurridos en la producción y el precio abonado por el comprador. El objetivo debe ser lograr los menores costes de producción manteniendo los principios éticos requeridos en toda organización, cumpliendo escrupulosamente la legislación y las directrices asociadas, manteniendo la calidad anunciada y a la vez alcanzando el mayor precio de venta posible manteniendo el criterio de equidad. Esto quiere decir que se mantiene un doble equilibrio: por un lado, hay concordancia entre precio, calidad y satisfacción de las necesidades que cubre el producto y, por otro lado, la percepción por parte del comprador de que el precio que paga es el apropiado al valor que recibe.

El precio incorpora, en consecuencia, un conjunto de elementos objetivos asociados a las funcionalidades y prestaciones del producto, pero también a la organización que los elabora o distribuye, la cual asegura el valor de la solución de forma continua en el tiempo, o el lugar de procedencia o certificación de origen. Todo esto otorga valor implícito al producto o servicio.

Bajo ese prisma, entendemos el valor implícito como la afectación sobre el precio que el consumidor está dispuesto a pagar. No solamente los productos deben cumplir estrictamente las prestaciones anunciadas, sino que es requerido que todas las interacciones con el mercado sean las comerciales, las de comunicación y marketing, las actuaciones institucionales y las declaraciones de los responsables, la forma de producir o la forma de ejercer su responsabilidad social. También deben estar orientadas a aportar valor implícito a la organización y a los productos. Si se logra un alto valor implícito, los productos tendrán mayor aceptación en los mercados globales y el nivel de internacionalización de la compañía podrá incrementarse independientemente de políticas de precio de competidores porque los compradores tendrán la seguridad de la equidad de precio y el alto valor implícito, sabedores de que las cosas con más valor tienen precios superiores a las de menor valor.

Globalización: capacidad de referencia

La capacidad de referencia o de reconocimiento internacional de una organización es el tercer concepto a considerar para extraer competitividad del proceso globalizador. Esa capacidad nace en organizaciones que asumen modelos de organización basados en el liderazgo, la producción respetuosa, el cumplimiento de los compromisos y, a la vez, la responsabilidad social.

Las circunstancias globales obligan a cambios profundos en las organizaciones emprendedoras que persiguen posiciones de liderazgo. En este sentido las organizaciones referentes asumen un doble objetivo: por un lado, lograr que los equipos que las configuran asuman responsabilidad y se enfrenten a los retos y problemáticas aplicando su talento, esfuerzo y capacidad creativa y, por otro, lograr que los mercados sigan las pautas que interesan a la empresa.

Para involucrar y comprometer a los equipos se exige un liderazgo que movilice. Se tienen que definir claramente los objetivos a alcanzar y las conductas éticas a seguir, efectuar evaluaciones objetivas periódicamente, gestionar los conflictos potenciales de forma anticipada, cohesionar y facilitar la evolución de una relación estrictamente profesional a una relación más amplia entre los miembros de la organización. Hay que comprender los aspectos sociológicos y las motivaciones y proyectos extralaborales, lo cual implica dar a los colaboradores responsabilidad y capacidad, "empowerment", facilitando el aprendizaje y el desarrollo profesional y humano.

El segundo objetivo, relativo a la capacidad de que los mercados sigan a la organización, exige desarrollar un claro poder de influencia basado en el valor implícito. En la línea descrita anteriormente, habrá que tener una capacidad de movilización que sea referente, que no esté ajena al análisis de las problemáticas y que identifique aquello que satisface al comprador. Es importante que no existan diferencias entre lo que se dice y hace y tener agilidad de respuesta a los nuevos requisitos incorporando todo el potencial de la técnica, la ciencia y el diseño de forma permanente.

Conseguir que los mercados sigan el ritmo de la organización comporta una posición de dominio, la cual no puede ni debe basarse en una relación de poder o de cautividad de los clientes. El dominio se deriva de anticiparse a las necesidades explicitadas y de asumir un rol de transformador y dinamizador del progreso y ser el eje que vertebra el futuro, haciéndolo con voluntad de servir cada día mejor al mercado sin renunciar a la excelencia diferencial.

Los procedimientos productivos deben encuadrarse en el reto global de la sostenibilidad, un aspecto a no menospreciar. Los aspectos asociados a la producción con criterios de sostenibilidad deberían impregnar la totalidad de procesos productivos que configuran la fabricación de un producto o las prestaciones de un servicio. Las empresas que actúan en esa dirección pueden formar parte de las empresas de referencia en cuanto a respecto medioambiental, actuando de acuerdo al criterio de minimización del consumo energético y de los recursos hídricos, la eliminación de productos tóxicos o perjudiciales para la salud, la disminución de la emisión de gases de efecto invernadero, el reciclaje de los residuos generados y la reducción del impacto ambiental del producto en la fase de uso de su ciclo de vida. El diseño de procesos respetuosos con el entorno y comprometidos con la sostenibilidad puede aportar de forma adicional mejoras significativas en la productividad por los ahorros incorporados, que pueden ser en los materiales y suministros utilizados, o por los derivados de las legislaciones medioambientales o de riesgos implícitos.

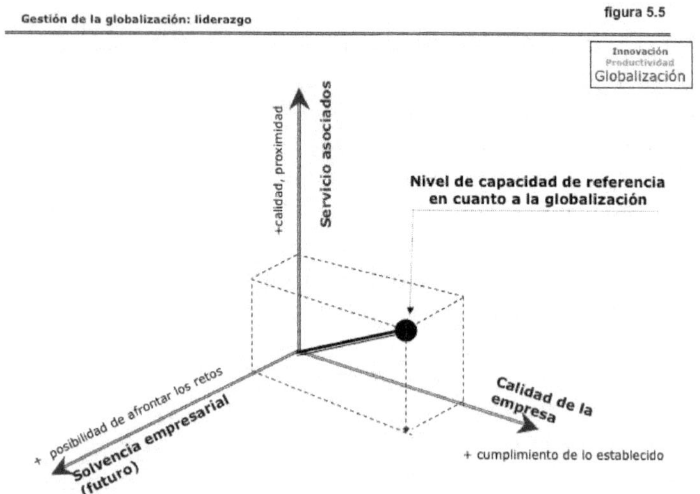

En el anterior contexto determinar la capacidad referente para aprovechar las ventajas de la globalización obliga a actuar de esas maneras y a la vez obliga a gestionar tres aspectos: los servicios asociados a los productos, la calidad de la empresa a nivel organizativo, relacional y de sus productos, y la solvencia de la organización (ver figura 5.5). Los tres elementos delimitan el espacio conceptual donde se debe trabajar, sabiendo que sólo las organizaciones que ya han asumido las implicaciones organizacionales que comporta la voluntad de liderar los mercados pueden enfocar con eficiencia.

El primer aspecto, relativo a los servicios asociados, hace referencia a que en un mudo con hiperoferta la diferenciación de los productos y la valoración de las compañías se incrementa en la medida que a los productos se les acompaña de buenos servicios. Tienen que ser prestados por una red próxima al consumidor, que se comunique con él mediante las redes de telecomunicación interactiva. Estos servicios, como cualquier otro proceso, se pueden encargar a una empresa externa especializada. La capacidad de diseñar y prestar los servicios es el primer elemento que debe ser abordado para incrementar y mantener la posición de referencia de las organizaciones.

El segundo punto a considerar en el liderazgo es el relativo a la calidad de la organización a nivel organizativo, de producción, de producto o de atención y proximidad a los clientes. Las actuaciones y los productos de calidad contrastable y reconocible permiten utilizar el recurso de la globalización con mayor eficiencia, logrando la lealtad y fidelidad de los clientes con independencia de su ubicación. La calidad de la organización está estrechamente relacionada con el conjunto de aspectos indicados anteriormente que permiten disponer de empleados orgullosos de pertenecer a la organización y productos con alto valor implícito.

Finalmente hay que considerar que las organizaciones en un contexto global tienen que aspirar a ser referentes y para ello requieren ser solventes. La solvencia no es sólo financiera, sino que implica la confianza de que los nuevos productos cumplirán con los requisitos, que serán fieles a las calidad de la organización, que será capaz de aportar soluciones en el caso de que surgiesen problemáticas imprevisibles, que serán capaces de aportar soluciones y asumir compromisos a largo plazo y que su vida futura se extenderá más allá del ciclo vital de los humanos.

Síntesis de factores que configuran la capacidad globalizadora

Gestionar la capacidad globalizadora de toda organización requiere actuar sobre estos tres elementos: localización, internacionalización del producto y capacidad de referencia. Los tres conceptos deben ser abordados simultáneamente actuando sobre la totalidad de los elementos conceptuales asociados con ellos, y que se resumen en la tabla de la figura 5.6.

La gestión debe tener en cuenta los nueve elementos clave que configuran los tres elementos anteriores: accesibilidad a los mercados, capacidad de distribución del proceso, logística; precio − target, atractividad, valor implícito; servicio, calidad empresarial, solvencia. En función de las estrategias y los objetivos de cada organización y en el contexto estructural requerido de acuerdo a los principios que permiten actuar en un mercado universal con identidad reconocida, la organización deberá decidir el peso que concede a cada uno de los elementos.

6. SÍNTESIS Y CONSIDERACIONES SOBRE LOS SISTEMAS DE INFORMACIÓN

La innovación, la productividad y la globalización, como hemos visto, son los tres elementos que encuadran la competitividad. Configuran una terna sinérgica auto potenciada de tal manera que cuanto más se interrelacionan, mayores capacidades aportan, ya que la innovación potencia la productividad y posibilita la globalización, que a su vez incrementa la productividad. La productividad refuerza, al mismo tiempo, la innovación y reafirma la importancia de la globalización.

Conseguir gestionar simultáneamente las informaciones asociadas y los indicadores correspondientes a cada elemento es la clave para alcanzar la competitividad. Para ello es necesario entender que la economía global desarrollada en la sociedad del conocimiento requiere convertir los datos externos e internos de las compañías en informaciones y en conocimiento diferencial para alcanzar ventajas competitivas. La gestión de todos estos elementos complejos obliga a las organizaciones a disponer de sistemas de información enfocados a la toma de decisiones en todos los niveles y puestos, lo que requiere captar, almacenar, validar y convertir en conocimientos la totalidad de la información dispersa por los sistemas operacionales de la compañía, la información reglada, la formalizada y la difusa, interna y externa, configurando con ella los indicadores de los cuadros de mando de la organización.

Innovación, productividad y globalización: elementos sinérgicos

A lo largo de los capítulos anteriores se ha descrito la terna básica que define conceptualmente la competitividad. La integran la innovación, la productividad y la globalización, que, actuando sinérgicamente, se refuerzan y potencian (ver figura 6.1).

La innovación, la productividad y la globalización son tres elementos que cuanto más se trabajan conjuntamente, mayores potencialidades aportan, ya que la innovación potencia la productividad y posibilita la globalización, que a su vez incrementa la productividad, una productividad que refuerza, al mismo tiempo, la innovación y reafirma la importancia de la globalización.

Estos tres conceptos complejos, íntimamente interrelacionados, convierten el reto de la competitividad en una tarea difícil, porque exige gestionar conjuntamente los diversos conceptos y aspectos que se han descrito en los capítulos anteriores. Son diversos los caminos que posibilitan, en un instante del tiempo, alcanzar un determinado valor de competitividad (ver figura 6.2).

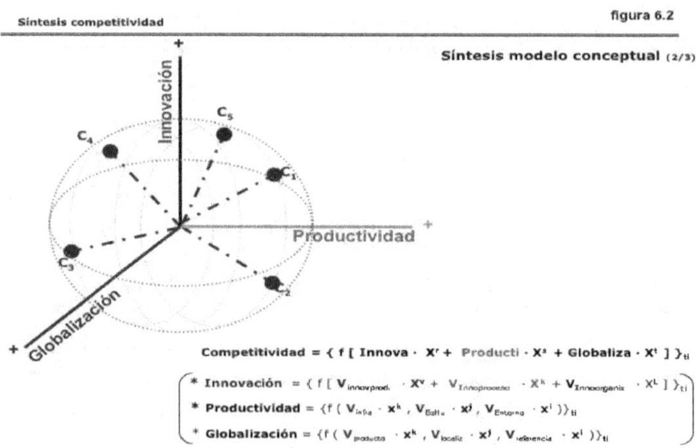

La función de la competitividad incorpora los 35 elementos que delimitan los tres conceptos, que se resumen en el esquema de la figura 6.3.

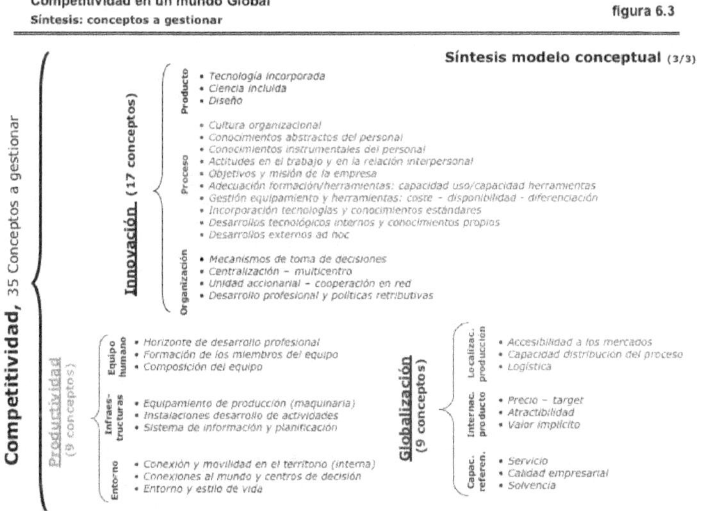

Información: requisito básico

Conseguir gestionar simultáneamente las informaciones asociadas y los indicadores de gestión correspondientes a cada una de ellas se convierte en la clave para alcanzar la competitividad. Para ello es necesario entender que la economía global desarrollada en la sociedad del conocimiento requiere convertir los datos externos e internos de las compañías en informaciones. Estos datos se convertirán, de forma ágil, en conocimiento diferencial que servirá para alcanzar ventajas competitivas al mejorar la actividad productiva innovando en los productos, en los procesos y en el modelo de la organización, gestionando eficazmente las posibilidades de los mercados mundiales y alcanzando la eficiencia productiva en un contexto abierto y liberalizado. La información y el conocimiento deben facilitar una gestión eficaz de la totalidad de los recursos de la organización, ya sean humanos, financieros o relacionados con las infraestructuras y los equipos.

La información debe contemplar la actividad y los recursos asignados a la totalidad de los departamentos o unidades de la organización: ventas, marketing, producción, logística, compras, calidad, comunicación, diseño, recursos humanos, administración, dirección, etc. Debe medir el nivel de consecución de los objetivos y proyectos asociados superando los aspectos subjetivos que, nublando la razón, dificultan la toma de decisiones objetivas.

La gestión de tanta información obliga las organizaciones a evolucionar hacia estructuras en red, buscando un equilibrio entre la planificación, estandarización y regulación requerida, y la auto-organización y el autocontrol necesarios, sin que ello represente la eliminación de las obligaciones y responsabilidades de la dirección general. La finalidad es flexibilizar la organización y dotarla de mayor capacidad de adaptación ante los desafíos que surgen de las situaciones nuevas y sus problemáticas en un marco competencial donde se facilita la libre interacción y se apoya la iniciativa, fomentando la confianza y la implicación. En definitiva, se deben establecer modelos evolutivos que permitan asumir la complejidad de las decisiones y los riesgos derivados de las iniciativas requeridas por la competitividad.

Sistema de información integral e integrado

En el contexto complejo que hemos presentado a lo largo de los anteriores capítulos, los sistemas de información para la gestión deben estar enfocados a apoyar la toma de decisiones en todos los niveles y puestos. Deben ser capaces de captar, almacenar, validar y convertir en conocimientos la totalidad de la información dispersa por los sistemas operacionales de la compañía, la información reglada, la formalizada y la difusa, ya sea interna o externa, y también las informaciones o conocimientos que circulan libremente en una sociedad plural, abierta y transparente (ver figura 6.4)

Las informaciones deben estar actualizadas y proceder de fuentes fiables para garantizar la correcta gestión y toma de decisiones, ya que el acierto de las mismas pasa por la calidad de la información utilizada. Los 35 conceptos delimitadores de la competitividad que hemos resumido en la figura 6.3 deben contrastarse con indicadores que aporten información de su estado.

Debe tenerse presente que la relevancia de las informaciones y su valor estratégico, igual que los criterios con que se fijaron los indicadores que permiten evaluar y diagnosticar las situaciones, son cambiantes en función de las circunstancias y problemáticas coyunturales. Esto obliga a que los sistemas de información, manteniendo el conjunto de informes básicos[1] que dan una visión integral de la compañía, requieran ajustarse a los requisitos

---

[1] Los Sistemas de información básicos encaminados a garantizar la visión conjunta de los responsables de forma simbiótica con las estrategias, finalidades y objetivos de la organización, aportan información de sus actividades y evolución. Forman parte de ese grupo de informaciones los sistemas de información para ejecutivos (Executive Information System), que permite combinar información del momento con información histórica y dar apoyo a la evolución global y necesidad de toma de decisiones correctivas; o el Cuadro de Mando General (Balanced Scorecard) encaminado a que todos los niveles de dirección y gestión de la empresa tengan una visión de la situación y evolución de las estrategias y ratios de cumplimiento de los objetivos, mediante indicadores de gestión que permitan un análisis de forma rápida y eficaz.

de cada momento. Esto comporta que los sistemas de información deban organizarse de forma ágil facilitando el acceso con altos grados de libertad por parte de las personas que la requieran y a la vez facilitando la simulación y detección asistida para permitir analizar los diversos escenarios o decisiones posibles.

En cuanto al primer aspecto relativo a la facilidad de acceso, la solución se halla en las técnicas de estructurar la información mediante la construcción del "Data Warehouse", o base de datos corporativa. El Data Warehouse almacena los datos procedentes de las diversas aplicaciones de soporte a los procesos operativos, igual que del resto de fuentes, una vez estructurados para facilitar las tareas de acceso y reporte de las mismas. La estructuración y el reporte deben poder efectuarse tanto a nivel departamental, territorial o global, como por producto o proceso. Deben posibilitarse los máximos niveles de detalle o agruparse en indicadores de gestión asociados a cada aspecto a controlar y gestionar.

Los Data Warehouse deben permitir, mediante técnicas de "Data Mining"[2], el tratamiento de grandes volúmenes de información y su procesamiento de manera sistemática, sencilla y libre, facilitando la identificación de tendencias, interrelaciones, segmentos, potencialidades, etc. Estos sistemas deben aportar, en consecuencia, información general de la organización en todas las vertientes: patrimonial, financiera, operacional, puntual e histórica, de todos los recursos empleados y disponibles, de su nivel de actividad y rentabilidad, de las operaciones efectuadas, de los proveedores y los clientes. En el caso de información relativa a los clientes, los datawarehouse no deben sustituir a los sistemas CRM (Customer Relationship Management) específicamente enfocados a la gestión de ventas con la finalidad de incrementar la fidelidad de los clientes. También facilita que se consigan nuevos clientes el conocer el mercado, las potencialidades de los competidores y posibles aliados, así como los avances e innovaciones sujetas a ser incorporadas.

---

[2] Data Mining o minería de datos es una técnica para extraer conocimiento implícito de las informaciones disponibles, para ello utiliza herramientas informáticas implementadas mediante árboles de decisión, series temporales, o redes neuronales.

Para la simulación y la detección asistida, la inclusión de sistemas expertos puede ser una importante ayuda. Es recomendable la utilización de herramientas de proceso informático constituidas por expertos. Estas herramientas son sistemas3 que distinguen los datos erróneos, que generan ruido y confusión, de los realmente significativos; implementan los conocimientos de expertos en áreas específicas de conocimiento; permiten la interacción entre el sistema y los gestores o usuarios de forma natural. Todos sus análisis posibilitan el acierto en las decisiones o, incluso, la toma de decisiones automáticamente con los sistemas automáticos de decisión (Automatic Decision System). En aquellos casos en que las exigencias de velocidad de respuesta impiden la intervención humana son muy útiles. Un ejemplo puede ser el caso de la autorización de incrementos instantáneos de saldo de las tarjetas de crédito al excederse del límite autorizado en efectuar una determinada compra, lo cual comporta, en décimas de segundo, analizar las peculiaridades de la compra y del cliente.

Así pues, la correcta gestión de la competitividad requiere de una cultura organizativa enfocada a la excelencia, de procesos productivos altamente eficientes y de un sistema de información que integre de forma fiable y permanente la totalidad de la información de la organización, de los mercados y la competencia. Es un sistema de gestión integral construido modularmente que debe incorporar el sistema de "gestión del saber", que aglutina toda la información relativa a la creación de nuevos conocimientos mediante una tarea de investigación permanente y su aplicación en útiles, herramientas, equipos y productos (ver figura 6.5).

En definitiva, en un sistema integral coinciden los tres subsistemas asociados a los entornos de producción, a los mercados y a los entornos de gestión interna. La gestión debe permitir plantearse

---

3 Los especialistas en sistemas expertos de la Sociedad Británica de Ordenadores los definen como: "Un sistema experto es la incorporación en un ordenador de un componente basado en el conocimiento, que se obtiene a partir del conocimiento técnico de un experto, de tal forma que el sistema pueda ofrecer asesoramiento inteligente, o tomar una decisión inteligente, sobre una función del proceso. Una característica adicional deseable, que muchos considerarían fundamental, es la capacidad del sistema de justificar la línea de razonamiento utilizada de un modo directamente inteligible."

y responder las preguntas propias de este tipo de entornos, pero también aquellas relativas al propio equipo, tales como: ¿cuál es el grado de avance y aportación?, ¿cuánto tiempo restante hay para alcanzar resultados o tomar decisiones?, ¿cuáles son los puntos críticos o resistencias al avance?, ¿en qué aspectos se es menos eficiente o falta conocimiento?, ¿cuál es la composición más adecuada de los equipos?

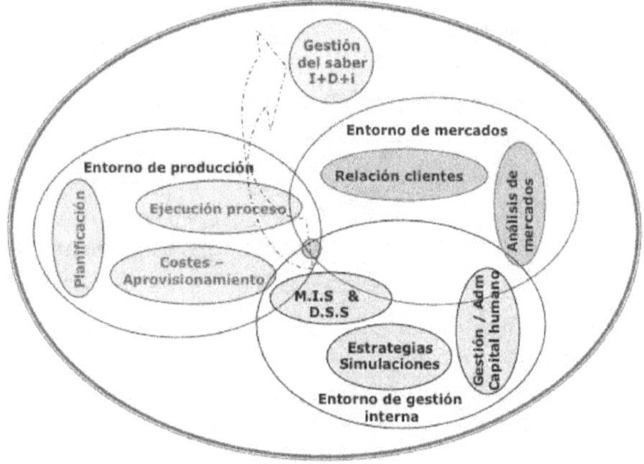

Síntesis: sistema integral de gestión. Gestión del saber figura 6.5

Sistema integral de información de gestión y soporte en la toma de decisiones
que incorpore los conceptos implícitos en la competitividad: innovación, productividad y globalización

El alcance del sistema de gestión para la creación de nuevos conocimientos debe extenderse a la totalidad de las acciones encaminadas a generar nuevas ideas y ponerlas a disposición de los procesos productivos y, a la vez, debe permitir la evaluación de los resultados. Para ello se deben considerar un conjunto de aspectos, que incluyen:

- Observar las potencialidades y oportunidades de los mercados.

- Documentar y catalogar el estado y los avances técnicos y científicos, las líneas de trabajo desarrolladas en los centros de investigación, innovación y universidades en todos los ámbitos o sectores que, directa o indirectamente, están involucrados en el campo en que desarrolla su actividad cada organización, teniendo especial cuidado del seguimiento de los competidores, o potenciales competidores, ya sean próximos o lejanos.

- Analizar las informaciones.

- Definir las estrategias y líneas de actuación prioritarias, definiendo y acotando los planes de acción requeridos.

- Decidir los planes asignando los recursos y esfuerzos requeridos para alcanzar los objetivos definidos.

- Ejecutar el proceso creativo.

Observar, documentar, analizar, definir, decidir y ejecutar son fases de un proceso continuo que se solapan en el tiempo y que exigen ser gestionadas de acuerdo a condicionantes externos no controlables a priori. Para ello es requerido que el sistema de información de apoyo a la gestión al I+D+i, o de gestión del saber, auténtico núcleo del proceso de búsqueda de la competitividad sostenible, sea canalizado hacia la mejora de los productos. Es requerido garantizar la misión y los valores éticos que sustentan la cultura empresarial, convirtiéndola en un vehículo de progreso que, desterrando las resistencias al cambio, facilite simultáneamente la adaptabilidad de los equipos y el mantenimiento de la coherencia y la continuidad de los trabajos.

Deben habilitarse los sistemas y métodos adecuados de obtención de información y comunicación considerando la totalidad de las informaciones internas y el máximo de las externas. Estos sistemas deben ser encuadrados en los procesos de planificación y control de proyectos, dentro de las actividades en I+D+i.

Gestión por indicadores

Conducir una organización hacia el éxito implica, tal como se ha indicado, facilitar el trabajo coordinado y sinérgico de todos los miembros de la organización, de forma simbiótica con los mercados, y en complicidad con los clientes y proveedores. Así pues, la buena gestión no es más que el resultado de un largo proceso que permite la innovación y el retorno óptimo de los esfuerzos. Se requiere disponer de la información precisa para poder analizar, fijar objetivos, definir estrategias y planificar las actuaciones. Asignar los recursos, organizar las actividades y coordinar las operaciones; dirigir, cuidar, vigilar las actuaciones para alcanzar los objetivos, efectuando las acciones correctoras requeridas si se producen desviaciones que impidan su consecución; prestar especial atención a los equipos humanos, a su capacitación y motivación sabedores que el capital diferencial entre organizaciones es precisamente las personas que las configuran; finalmente rendir cuentas a la propiedad o accionariado haciéndolo partícipe de los logros alcanzados, de los retos y de los desafíos a afrontar.

El conjunto de indicadores deben agruparse en lo que se denomina cuadro de mando de la totalidad de la organización, los departamentos y unidades, proyectos e iniciativas. Así pues, los indicadores deben sintetizar los aspectos más relevantes y significativos que representan la organización, considerando los factores clave que la encuadran en el contexto de sus procesos de generación de valor y los ciclos de vida de sus productos.

Los indicadores y ratios enfocados a la gestión de la organización deben permitir evaluar las oportunidades, desafíos, fortalezas y debilidades. Igualmente mostrarán el grado de cumplimiento y de avance de los objetivos establecidos; determinarán los niveles de eficacia en cuanto al acierto y adecuación en las actividades, procesos, productos y fidelización de los mercados; delimitarán los costes con la finalidad de identificar los recursos empleados en actividades e iniciativas y, en definitiva, lograrán la eficiencia. Mostrarán también los comportamientos de los productos, las tendencias sociales y legales; y ayudarán alcanzar una optima gestión económica y financieramente.

Los indicadores, ya sean de evolución, seguimiento, administración o control, deben ser considerados indicadores de gestión ya que en su totalidad permiten la gestión de los procesos y la organización buscando el equilibrio entre eficacia y eficiencia, lo cual conduce a la rentabilidad del momento simultáneamente con la construcción y consolidación del futuro. No debe olvidarse que los indicadores representan comportamientos pasados de acuerdo a su periodicidad, por ello es requerido analizarlos como series históricas para determinar tendencias y proyecciones futuras. No sólo se debe poder interpretar y conocer la realidad, sino que hay que ser capaz de introducir los ajustes y cambios requeridos para mantener la organización en el rumbo establecido de acuerdo a los escenarios cambiantes.

Los indicadores deben facilitar el alcance de los objetivos de forma coherente con los marcos y prioridades estratégicas. Por ello los indicadores que configuran los cuadros de mando y gestión de toda organización deben permitir avanzar de forma efectiva. En este contexto es clave recordar que la gestión consiste en un ciclo continuo de tres pasos: medir, comparar y actuar. En consecuencia todo indicador debe poder ser encuadrado o comparado con unos valores de referencia que posibilita, al apartarse de los límites, tomar las decisiones correctivas adecuadas y hacerlo de forma anticipada actuando en base a los que aportan información de tendencias. Las comparaciones deben efectuarse con valores de referencia, que se obtienen tanto de mediciones previas internas, como de objetivos establecidos, referencias relacionadas con procesos estándares, o los obtenidos mediante procesos de benchmarking, o de extrapolación de series históricas internas o sectoriales.

En síntesis, la gestión de la competitividad exige basarse en informaciones que recojan las evoluciones pasadas, las potencialidades del presente y las tendencias de futuro. Dichas informaciones encuadrarán en los avances científico-técnicos, en la capacidad de generar conocimiento aplicándolo a los procesos productivos y al producto, innovando de forma permanente y continua en un mercado globalizado y cambiante, donde la fidelización de los clientes y la búsqueda de la excelencia por cada uno de los integrantes de la organización son los factores determinantes.

Cualquier organización debe permitir maximizar la aportación y la productividad de cada uno de los miembros a lo largo de la carrera profesional, lo que implica entender que está condicionada no sólo por la organización, sino también por la composición de los equipos y los modelos de liderazgo aplicados, siendo fundamental configurarlos garantizando la diversidad de conocimientos, formación, habilidades y cultura. También es importante la asimetría en las experiencias, ya que posibilita la rotación del equipo para incrementar la productividad y la actualización de los conocimientos, el establecimiento de relaciones fluidas entre los diversos departamentos y en especial con aquellos más cercanos al mercado.

Se operará con modelos de organización con estructuras en red que permitan independizar la composición de los equipos y el desarrollo de los proyectos de aquellos aspectos propios a los niveles de competencia y responsabilidad de las organizaciones. Todo esto debe inspirar el modelo integrado de gestión y la construcción del sistema de información que lo sustenta, sabiendo que sólo con la información adecuada los riesgos se minimizan, los aciertos se incrementan y el azar pierde relevancia.

Manual de gestión aduanera. Normativas y procedimientos clave del comercio internacional
Pedro Coll

El proceso de las 5'S en acción
Luis Socconini, Marco Barrantes

Lean Six Sigma Green Belt, paso a paso
Luis Socconini, Eduardo Escobedo

Manual de estrategia de operaciones
Ángel Caja Corral

Cerebro, inteligencias y mapas mentales
Zoraida G. de Montes, Laura Montes G.

Manual del comercio electrónico
Eva María Hernández Ramos, Luis Carlos Hernández Barrueco

Manual de transporte para el comercio internacional
Cristina Peña Andrés

Manual de gestión de almacenes
Sergi Flamarique

Anatomía de la creatividad
Llorenç Guilera Agüera

Lean Six Sigma. Sistema de gestión para liderar empresas

Luis Socconini, Carlo Reato

Lean Company. Más allá de la manufactura

Luis Socconini

Productos y servicios inteligentes y sostenibles

Llorenç Guilera, Antoni Garrell

Lean Energy 4.0. Guía de Implementación

Luis Socconini, Juan Pablo Martín

Lean Manufacturing. Paso a paso

Luis Socconini

Lean Services. Certification Manual

Luis Socconini

Lean Six Sigma Yellow Belt. Manual de certificación

Luis Socconini

Lean Six Sigma Green Belt. Manual de certificación

Luis Socconini

Lean Six Sigma Black Belt. Manual de certificación

Luis Socconini

MARGE BOOKS

València, 558 – 08026 Barcelona – Tel. +34-931 429 486 – marge@margebooks.com   www.margebooks.com

* 9 7 8 8 4 1 8 5 3 2 6 1 0 *